大和を都に選んだ古代王権の謎

日本はこうしてつくられた

安部龍太郎

小学館

目次

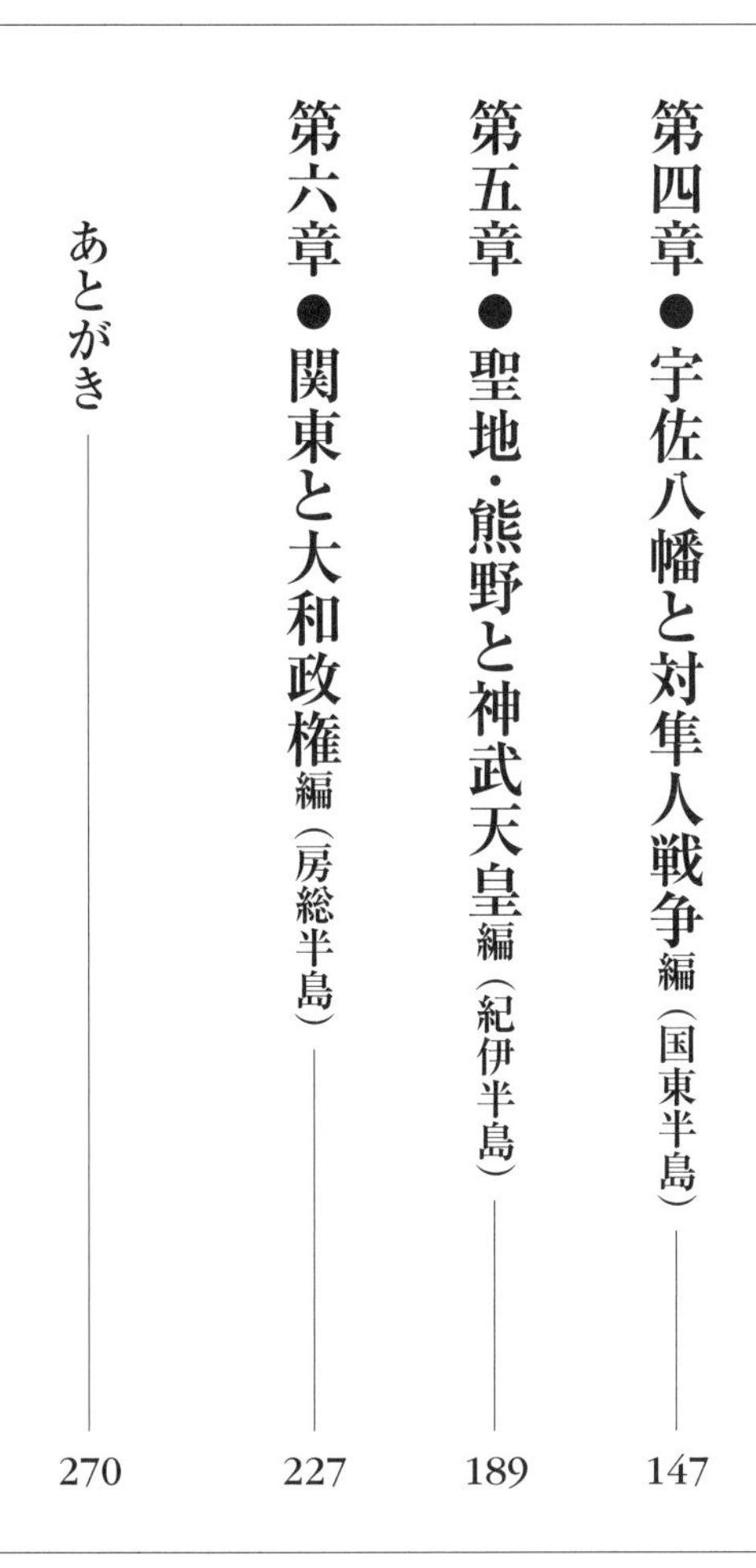

本書は、月刊誌『サライ』に連載されている「半島をゆく」を底本に加筆修正したものです。取材には、著者の安部龍太郎氏、三重大学の藤田達生教授、日本画家の北村さゆりさんが参加しています。

第一章● 大和王権誕生編（奈良）

古代史の根本疑問を読み解く。わが国最初の〈都〉になぜ大和が選ばれたのか？

神武天皇神話紀行
三世紀の明治維新
藤原京から平城京の謎

三世紀の明治維新とは何か？

「奈良も紀伊半島ではないか」

だからゆく先に加えるべきだ、という意見が誰からともなく上がった。

これまで列島の周縁部に位置する半島を訪ね、日本の原風景に立ってこの国の成り立ちを考えてきたが、いずれも断片的、辺境的だという感じは否めない。

それならこのあたりで奈良の都に切り込み、この地に大和（やまと）政権が誕生し、日本という国に成長していった理由を見極めようではないか。

ある酒宴でそんな意見が飛び出し、無謀とも思える旅が始まったのだった。

集合場所は近鉄線の大和八木（やまとやぎ）駅だったが、京都駅から乗車した私は、資料の読み込みに熱中するあまり、橿原神宮前（かしはらじんぐうまえ）駅まで乗り過ごし、最初からミッションのさまたげとなった。

しかし努力の甲斐あって、橿原の地名が樫（かし）の木が生い茂る原に由来することが分かった。大和地方に東征（とうせい）した神武（じんむ）天皇がこの地を都と定められたのは、宮殿や役所を作るための用材として、樫の木を利用することができたからだと思われる。

都市化した今ではその様子をうかがうことはできないが、二メートル下の地層から樫の木の森林跡が発見されたのである。

大和政権初の都と言われる纒向も同じである。

纒とは槙（材木一般）のことで、建築資材に適した槙が生い茂る山に向いているので、この地名がついた。また、槙は高野槙の原生林があった吉野のことで、纒向は吉野に向いているからだという説もある。

崇神天皇の皇后は御間城姫で、天皇の和名が御間城入彦というのは、吉野の姫のもとに入婿していたからだという。

地名の由来を頭に入れ、さっそく現地に出かけてみることにしよう。

中国大陸、朝鮮半島の動乱の末に

まず訪ねたのは桜井市立埋蔵文化財センターだった。

神道発祥の地とも言うべき三輪山の西側に位置した施設を訪ねると、学芸員の丹羽恵二さんが迎えて下さった。

「まだまだ勉強不足で、お役に立てるかどうか分かりませんが」

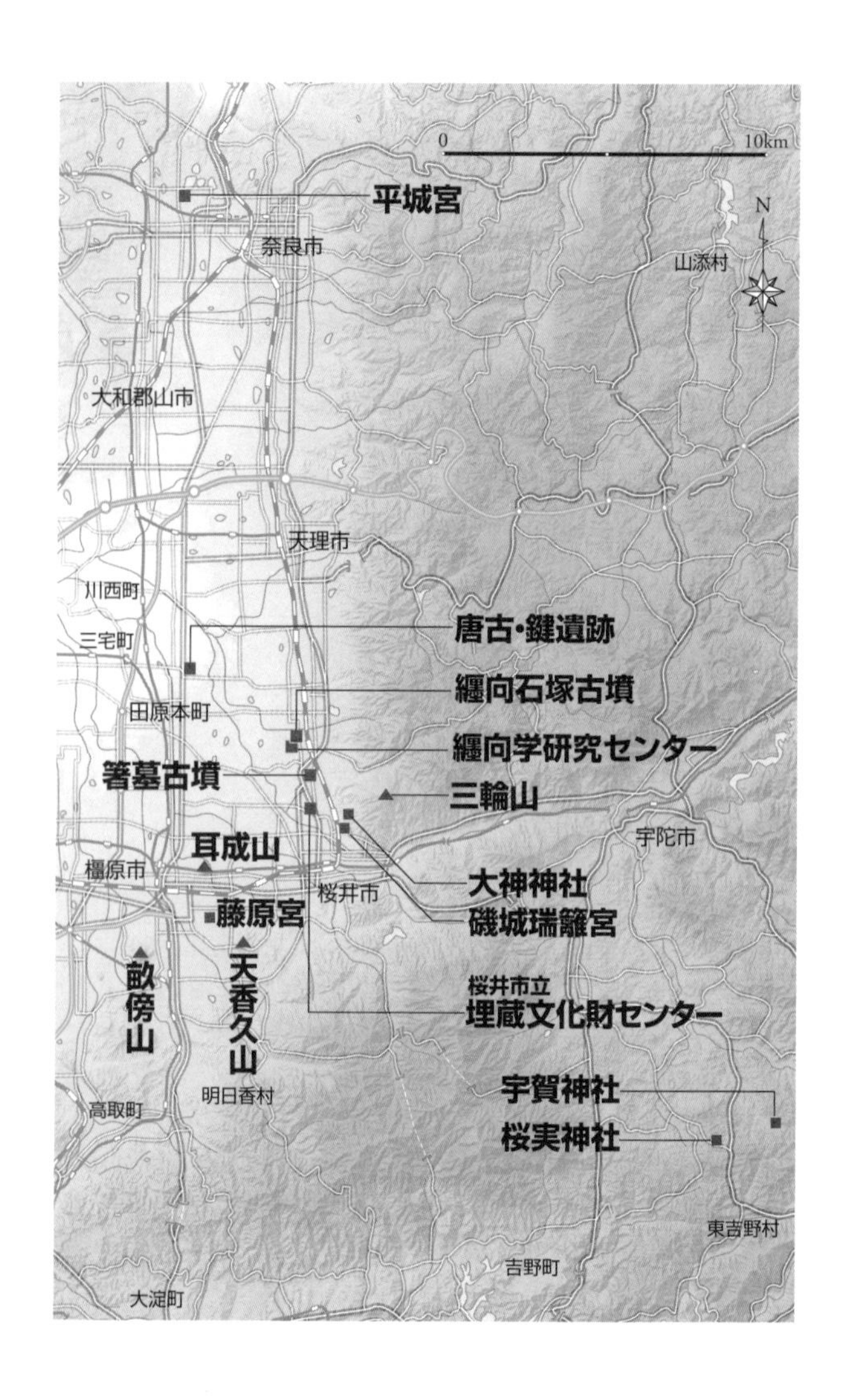

0
10km
N
平城宮
奈良市
山添村
大和郡山市
天理市
川西町
唐古・鍵遺跡
三宅町
纒向石塚古墳
田原本町
纒向学研究センター
箸墓古墳
三輪山
宇陀市
耳成山
橿原市
大神神社
桜井市
藤原宮
磯城瑞籬宮
畝傍山
天香久山
桜井市立
埋蔵文化財センター
宇賀神社
明日香村
高取町
桜実神社
東吉野村
吉野町
大淀町

纒向遺跡からの出土品（桜井市立埋蔵文化センター蔵）

そう言って展示場を案内して下さった。

大変謙虚で誠実な方で、こちらは恐縮するばかりである。同行の三重大学・藤田達生教授も、ご専門からだいぶはずれた時代のことゆえ、いささか緊張気味だった。

もっとも興味を引かれたのは、展示ケースに所狭しと並べられた土器だった。

纒向遺跡から発見された三世紀のもので、西は山陰・四国から東は関東まで、それぞれ様式の違う土器が入り混じっていた。

これは各地から人が集まっていたことを示すもので、それを可能にする王権がこの地にあったことを証明しているという。

「単に地方から煮炊き用に持ってきたばかりでなく、この周辺の土（つち）で地方の様式の土器を作った例もあります。持ってきたものが壊れたので新しく作り直したらしく、かなり長期にわたってここで生活していたことがうかがえます」

おそらく纒向の宮殿や市街地、古墳などを造るために集められ、労働に従事していた者たちが使ったものだろう。

大和朝廷がそうした形で飛鳥（あすか）の都を築き上げるのは六世紀後半のことだが、それより三百年以上も前に大和王権が成立していたということになる。

にわかには信じられない話だが、発見された土器はそれが事実であることを雄弁に語っている。

壊された銅鐸（どうたく）の破片もあった。

これは自然に壊れたものではなく、意図的に壊したもので、銅鐸による祭祀（さいし）が終わったことを示している。

纏向でいち早くそうしたことが行なわれるようになったのは、

「ここが日本でもっとも進んだ地域だったからだと思います」

新しい王権が作った新しい都だからこそ、古い祭祀からいち早く脱却したのだという。

「いったい誰がそのような王権を作り上げ、どうして纏向を都と定めたのでしょうか」

私は初歩的な質問をした。

「それは研究者によって考えが違います。各地の王が連合政権を作り、この地に都を築いたという説が有力で、平成二十一年（２００９）に居館の跡が発見され、集落があったことが明らかになりました」

居館は南北四間、東西四間の大きなもので、この時代の人々の生活の様子を知る貴重な手がかりになるという。

次に埋蔵文化財センターから二キロほど北にある、纏向学研究センターを訪ねた。近くに纏向のシンボルと言うべき箸墓古墳がある。まさに研究センターにふさわしい場所だが、研究予算は充分ではないようで、休校した小学校の一角に間借りしている印象だった。

センター長の寺澤薫先生が、我々の対応をしてくださった。

橿原考古学研究所調査部長を務められた、纒向学研究の第一人者である。

脂肪の少ないすらりとした体形で、彫りの深い顔にひげをたくわえておられる。どこか超俗的な枯淡の風格があり、絵筆を取ってカンバスに向かう姿が似合いそうである。

ところがひとたび纒向学に話が及ぶと、論旨は明快で舌鋒は鋭かった。しかもその古代観は、私の旧態依然たる古代史像を完全に打ちくだくものだった。

先生の著書である『日本の歴史第02巻　王権誕生』（講談社）を参考にしながら、その時のレクチャー風景をできるだけ忠実に再現してみたい。

「いったいどうして纒向に、日本で初めての王権が誕生したのでしょうか?」

我々の質問に、先生は一言、「地理的条件が良かったからでしょう」と答え、そこに至るまでの権力の移動について解説して下さった。

最初の倭国の中心は、福岡県糸島市を中心とする伊都国にあった。

その東側の博多湾岸には奴国があり、大陸との交易や先進文化の受容によって、九州から中国地方にまたがる勢力圏を築いていた。

広形銅矛、広形銅戈の分布圏がその勢力配囲に重なっている。

ところがこの倭国の平安は、中国大陸や朝鮮半島の動乱によっておびやかされることになった。

「後漢が黄巾の乱をきっかけに滅亡に向かい、遼東の大守だった公孫度が独立して、その後朝鮮半島に帯方郡を設置したことが原因です」

そして西暦二一〇年頃、「倭韓遂に帯方に属す」（『魏志』韓伝）という事態が起こった。

つまり後漢に従っていた伊都国の主導権は失われ、公孫氏に従う体制の確立が求められることになった。

その頃の日本には、伊都国や奴国の他に、吉備、播磨、讃岐、出雲、丹波、そして大和などにも独立性を保った国々があったが、東アジアの動乱という新しい状況に直面して、連合政権のような形で新しい体制を築かざるを得なくなった。

「そこで首長たちが話し合い、大和の纏向に新しい都を築き、新生倭国を設立したのです。その時に女王に選ばれたのが卑弥呼であり、これを私は〝三世紀の明治維新〟と呼んでいます」

吉備から受け継がれた首長霊継承儀礼

幕末にアメリカなどから開国圧力が強まると、江戸幕府では事態に対応できなくなったために「薩長土肥」などの雄藩が合議して、東京を首都とする明治政府を発足させた。

これとまったく同じことが公孫度の圧力を受けた倭国で起こり、卑弥呼を女王とする新生倭国が誕生したというのである。

『古事記』や『日本書紀』に記された歴史とはあまりに違う史観に驚愕するばかりだが、その根拠はいったいどこにあるのだろうか。

「それは纒向から、新都になる以前の遺跡が出土しないことです。それ以前の大和の中心は唐古、鍵遺跡（磯城郡田原本町）の地にあったと思われますが、ある時ここは突然消滅し、纒向の都に吸収されていきました。それまでとは規模も様式もまったく違う都がいきなり現れるのは、国家的な事業として都が築かれたからだとしか考えられないのです」

「なるほど。戦国時代にも同じようなことが起こっています。信長が岐阜から安土に居城を移した時がそうです」

　そうした先例がすでに三世紀にあったかと、藤田教授が驚きに目を丸くしておられる。

　歴史はくり返すというが、千七百年以上も前に明治維新と同じ政策転換を成し遂げていたとすれば、日本人とは何と思慮深く賢い民族であろうか。

「それに、この時期から纒向で前方後円墳が造られ始めるのも、連合政権が実在した論拠のひとつです」

　我々の驚きをよそに、寺澤先生は話を進められた。

　もし「記紀」が記す通り、神武天皇の東征以来大和政権がここにあり諸国を併合していったのなら、前方後円墳の原形は大和にあるはずである。

　ところがその原形は吉備王国だった倉敷市の楯築墳丘墓にあるという。

「纒向型前方後円墳の特徴は、後円部に対して前方部が短く、二対一の割合になっていることです。楯築の墓は円丘部の前後に突出部がついていますが、片方の突出部をはずせば纒向型とそっくりになります」

　しかも楯築墳丘墓で行なわれた祭祀のもっとも重要な部分である首長霊継承儀礼

が、そのままの形で纒向型前方後円墳で行なわれるようになったという。

首長霊継承儀礼とは、亡くなった首長(国王など)の権威と正統性を後継者が受け継ぐために行なわれる儀式のことだ。

たとえば天皇の即位礼の時にも、新帝が天照大神(あまてらすおおみかみ)と起居をともにして神霊を身に受ける秘儀が行なわれる。

これと同じことが前方後円墳の上で行なわれ、後円部に埋葬される前首長から霊を授けられた新首長は、前方部に立って領民の前で即位を宣言したという。

「これは吉備国や伊都国などで行なわれていた儀礼で、それが纒向の都に引き継がれたということは、新政権においてそれらの

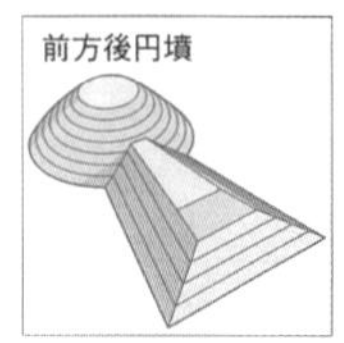

前方後円墳のルーツのひとつといわれるのが楯築墳丘墓(岡山県倉敷市)。ここで行なわれた首長霊継承の儀式がヤマトに受け継がれたといわれている。

国々が主導的な役割をはたしたということです」

　こうして発足した新生倭国は、その勢力範囲を北陸や東海、関東にまで広げていく。そのことは各地に築かれている纒向型前方後円墳によってうかがうことができるが、新生倭国に誰もが従っていたわけではない。

『魏志』倭人伝（わじんでん）には、狗奴国（くなこく）が卑弥呼に属さず、狗奴国王の卑弥弓呼（ひみくこ）は敵対していると記されている。

　狗奴国とは濃尾（のうび）平野を中心とし、北陸や関東までを含めたさまざまな国の総称で、その勢力範囲は三世紀初頭から中期までの間に前方後円墳を造っていないことによって知ることができる。

　明治維新の時には奥羽越（おううえつ）列藩同盟による戊辰（ぼしん）戦争が起こったが、三世紀の明治維新でも狗奴国を中心とした敵対勢力が出現し、国を二分した戦いが起こったという。

大和にあった海原とは？

　その夜は奈良ホテルに泊まったが、私の頭は寺澤ショックで朦朧（もうろう）としていた。

　もし三世紀の明治維新が事実なら、『古事記』や『日本書紀』はどうなるのだろう。

万世一系を謳う天皇家と、まがりなりにもそれを信じて自己同一性を確立してきた日本人の存在はどうなってしまうのか。

　そんな不安と動揺におそわれ、ビールも喉を通らなかったが、私にはもうひとつの疑問があった。太古、奈良盆地に巨大な湖があったという説があるが、はたして事実かどうかということだ。

　この説を展開しておられるのは、奈良県出身の考古学研究家である樋口清之博士である（『うめぼし博士の逆・日本史3』など）。

　博士の説によると、奈良盆地から発見される遺跡は、石器時代には標高六十メートルより低い土地、弥生時代には五十メートルより低い土地には存在しない。

　それは盆地の中央部に大きな湖があって、人が住めなかったからだという。

　このことは『万葉集』におさめられた舒明天皇の次の歌からもうかがえる。

大和には　群山あれど　とりよろふ
天の香具山　登り立ち　国見をすれば
国原は　けぶりたちたつ　海原は

かもめたちたつ　うまし国ぞ
あきづしま　大和の国は

天の香具山からカモメが飛ぶ海原が見えたのは、巨大な湖があったからとしか考えられないというのである。

私がこの説に興味を引かれたのは、ちょうど平城京を造営した頃（西暦７０７〜７１０年）の物語を書き始めたばかりで、取材のために奈良盆地を歩きまわった時の記憶が鮮明だったからだ。

盆地を流れるすべての川は北からは南に、南からは北に流れて大和川に合流している。

そのひとつが佐保川だが、その傾斜は想像していたよりはるかに急で、水がほとばしるように流れている。

しかも大和川は二上山と信貴山との間の尾根が途切れたところを流れているので、もしこの尾根がつながっていた時代があったなら、湖があったとしてもおかしくはない。

あるいは信貴山の南斜面の崩落によって川が堰(せ)き止められるということがあったなら、大和川が巨大な溜池のようになり、海と見まがうばかりだったろう。

そのことについて奈良大学の土平(つちひら)博教授からレクチャーを受け、奈良盆地の地形の特質を教えていただいた。

「残念ですが、奈良時代には盆地のほぼ全体を潤す湖はなかったと思います」

私がロマンをかき立てられた説は、あっさりと否定された。

奈良盆地の河川の合流部では氾濫(はんらん)による湿地帯のような場所があるが、湖であったということを証明できる確かな根拠はないという。

「舒明天皇の歌も、大きな池を海原と見立てたと考えるのが妥当かもしれません。盆地には今と違って大きな池があり、現在の村ひとつがそっくり池だったという所もあります」

纒向に都が作られた頃は盆地の標高が低く、大和川から淀川(よどがわ)（当時は難波潟(なにわがた)という内海になっていた）に到る水運が活用されていた。

ところが大雨が降るたびに東の山々から土砂が流れ込み、大和川の支流では河床が上がり、水運が機能しなくなっていった。

大神神社。わが国でもっとも古い神社のひとつ。

土平教授は盆地の標高を詳細に記した地図を示しながら、当時の地形を分かりやすく説明して下さった。

自然の姿も時代とともに刻々と変わっている。そのことを頭に入れておかなければ、歴史の真相に迫ることはできないのである。

大和に点在する神武東征の道

降り始めた雨の中、大神神社を訪ねた。

なだらかな美しい姿をした

三輪山をご神体とする、神道史上もっとも古い由緒と格式を持つ神社のひとつである。大鳥居を過ぎ二の鳥居をくぐって長い参道を進むと、境内に巨大な杉がそびえていた。

三輪山の神の化身である蛇が、この杉の洞から出入りすると伝えられることから「巳の神杉」と呼ばれている。

神杉の前の台には、巳さんの好物である卵が手作りの容器に入れて供えられている。時には本当に巳さんが卵を食べていくという。

拝殿の前で権禰宜の山田浩之さんが迎えて下さった。

ご親切に傘を貸していただき、拝殿の裏にある三ツ鳥居に案内して下さった。明神型の鳥居を横一列に三つ組み合わせた珍しい形で、三輪鳥居と呼ばれている。

この鳥居より先は神域なので、普通は立ち入ることが禁じられている。山をご神体とする自然崇拝は、神道のもっとも原初的な姿で、三輪山はいつしか大和人の心の拠り所となった。

そのことを示す有名な歌が、『万葉集』に収録されている。

三輪山を　しかも隠すか　雲だにも
情あらなも　隠さふべしや

天智天皇六年（六六七）に新しい都である近江に移る時、額田王が飛鳥との別れを惜しんで詠んだ歌である。

三輪山をおおった雲よ、心あるなら晴れておくれ、といった意味である。「しかも隠すか」という言葉には、この遷都を決して喜んでいない彼女の心情が現れている。

古代は今日の源流であり、我々の感性、心情、信仰などの原点である。

その実態を知らなければ、今日の日本人を語ることはできないと言っていいほどだが、その真相は雲におおわれた三輪山のように見え難いのである。

古代史と現代史は連続している

三輪山の蛇神伝説はよく知られている。

活玉依姫のもとに夜な夜な立派な男が訪れ、いつしか姫は身ごもった。

そこで男の着物の裾に麻糸のついた針を刺し、翌朝後をつけてみると、男は小さな蛇となって三輪山に向かい、大物主神になったというのである。

大物主神は出雲の大国主命の和魂だといわれているので、天孫系の天照大神とは敵対した間柄である。

その神が天孫系氏族の都である大和に古くから祀られているのは、おそらく天孫系の氏族が入ってくる前に出雲系の氏族がこの地を治めていたからだろう。

天孫系の氏族もその神威を無視しがたく、三輪山の神を守護神としてあがめていたのだろうが、第十代崇神天皇の御代に、疫病が流行り国民の多くが死ぬという困難に直面した。

その時、天皇の夢枕に大物主神が現れ、次のように告げた。

「我が子孫、大田田根子を神主とせよ。そうすればこの疫病はおさまり、国は平和を取りもどすだろう」

そこで天皇は茅渟県（現在の大阪府堺市あたり）に住んでいた大田田根子を探し出して大神神社の神主にした。

すると疫病がぴたりとおさまった。この大田田根子は大物主神と活玉依姫との間に生まれた子供の末裔だったのである。

この話はまったく架空の神話なのか、それとも史実を反映した伝承なのか。

そのことについて、取材二日目に我々の指南役をつとめて下さった、皇學館（こうがくかん）大学の岡田登先生の『崇神天皇朝の祭祀（さいし）と政事』をテキストにして考えてみたい。

崇神天皇の崩御（ほうぎょ）は西暦二五九年という説が有力なので、伝説にある疫病の流行は『日本書紀』に「国内に疾疫（えのやまい）、民の大半が亡くなる」と記された崇神天皇五年のことだろう。

この年には天候不順も重なり、穀物の収穫もなく、まさに未曾有（みぞう）の国難だった。

そうした状況を打開するために、天皇は祭政一致だった従来のやり方を改めること

美しい三輪山の山容。

になされた。政治を行なう天皇の不徳によってこうした国難を招いたのに、その天皇が神にご加護を祈っても聞き届けてもらえるはずがないと考えられたのである。

そこで皇居の中に祀っていた天照大神を他所（よそ）に移すことになり、多くの候補地を訪ね歩いた後に、垂仁（すいにん）天皇の時に現在の伊勢神宮に鎮座（ちんざ）いただくことになった。

大物主神が天皇の夢枕に現れ、大田田根子を神主にせよと迫ったのはこの頃のことだ。それは朝廷による祭祀をやめることと軌を一にしているので、すんなりと受け容（い）れられた。

いや、むしろ天皇側に祭祀をやめたい意向があり、大物主神のお告げという神話は後から作られたものかもしれない。

崇神天皇が自らの判断で選ばれた祭政分離の方針は、その後千六百年近く日本の伝統として続けられていくが、明治政府はこれを否定し、祭政一致の体制をとった。

その判断の誤りが、昭和二十年（１９４５）の敗戦へと突き進む原因のひとつになった。古代史と現代史を連続したものととらえる必要性を痛感させる、ひとつの事例である。

『日本書紀』と王権の正統性

取材二日目は大雨になった。

和歌山県の南方に停滞する前線に南からの湿った空気が流れ込み、紀伊半島に大雨を降らせたのである。

車のフロントガラスに雨が滝のように降りそそぎ、視界を閉ざされる状況の中、我々は奈良市から宇陀市へ向かった。

近鉄榛原駅で岡田登先生と待ち合わせ、神武天皇東征の道をたどることになった。

岡田先生は端整で物静かで、品性豊かなインテリジェンスを備えておられる。伊勢神宮が創設した皇學館大学に奉職し、文献史学と考古学の両面から古代史の研究を進めておられる。

神道学の専門家であり、『日本書紀』の神代の記述は史実とは無縁のものだという説にも、前回寺澤薫先生にレクチャーを受けた「三世紀の明治維新」という考え方にも、真っ向から異をとなえておられる。

その概略について、我々は雨の中を突っ走る車の中で指南を受けた。

「日本書紀を否定する学者たちは、初代神武天皇から九代開化天皇まで、不自然に長生きしておられることを問題視していますが、これは編纂した時の事情によるものなのです」

養老四年（720）に『日本書紀』が編纂された目的は、唐の皇帝に見せることにあった。

天智天皇二年（663）に白村江の戦いで唐と新羅の連合軍に敗れた日本は、天武天皇元年（672）の壬申の乱で天智朝から天武朝への政権交代を成し遂げ、唐との友好政策を取るようになった。

唐との友好をはかるためには、唐を盟主とする冊封体制に入らなければならず、唐の政体にならった唐風化政策を押し進める必要があった。

そのために行なわれたのが、大宝律令の制定（701年）、第八次の本格的な遣唐使の派遣（702年）、平城京への遷都（710年）、『古事記』の編纂（712年）、『日本書紀』の編纂（720年）などである。

記紀の編纂は大和朝廷が自らの正統性を国民に示すためのものだが、『日本書紀』には王権の正統性を唐の皇帝に認めてもらうというもうひとつの目的があった。

唐では皇帝は天命（てんめい）によってその位につくと信じられているので、その冊封下に入るためには、天皇も天命によって日本を治めていると立証するための史書が必要となったのである。

「その頃唐には、皇帝は辛酉（しんゆう）の年に天命を受けて新しい国家を創建するという思想があったようです。そこで日本でも神武天皇の即位をその日に合わせる工夫がなされたのです」

神武天皇は一世紀前半の人だった?

そうして弾（はじ）き出された建国の年が、紀元前六六〇年だった。

しかし第十代の崇神天皇の没年は、西暦二五九年と推定されている。一代二十五年と考えても、初代の神武天皇は二百五十年前、つまり一世紀の初期に即位されたと考えるのが妥当である。

しかし紀元前六六〇年の辛酉の年をスタートとしなければ、唐の皇帝を納得させることができないので、九代の天皇の在位年数を不自然に引き伸ばしたという。

「このことがむしろ日本書紀の編纂者たちの誠実な姿勢を現しています。もし辻褄（つじつま）合わせのためだけなら、天皇の数を増やした方が自然でもっともらしいじゃないですか。しかしそうしなかったのは、朝廷内外で崇神天皇は第十代の天皇だと認識されていたからだと思います」

大和朝廷は全国に君臨する政権となって日が浅い。手前勝手に歴史を偽造した史書を作れば、傘下の氏族や地方豪族たちから批判を受けるおそれがある。

それを避けるために『日本書紀』が完成した翌年には、有力者、有識者を招いて解説を加える講書会を開いているほどだから、朝廷に都合がいい史書を作ったという批判は当たらないという。

「神武天皇が一世紀前半の人だったとすると、纒向(まきむく)に中央政権が作られるまでにいったいどんな歴史があったのでしょうか」

古代史の解釈の難しさと奥深さに圧倒され、私の頭はヒートアップして煙を上げそうになっていた。

車は宇陀市から国道一六六号線を南に向かってひた走っている。この道は熊野(くまの)に上陸した神武天皇が、奈良に向かって進撃した東征の道だった。

「おそらく九州北部に最初の王権が出現し、人口が増えるにつれて南九州へ進出していったのでしょう。ところが南九州は火山灰台地で稲作に不向きで、火山噴火などもあって、国を維持することができなくなった。それが東征のきっかけだと思います」

東征軍は初め難波の白肩津から奈良盆地に入ろうとしたが、敵に上陸をはばまれた。そこで紀伊半島を迂回し、熊野荒坂津（丹敷浦）から上陸して吉野に出て、宇陀を経由して奈良盆地に入り、橿原を皇居と定めた。

その間には先導役の八咫烏の協力を得たり、宇陀の兄宇迦斯や弟宇迦斯とのドラマがあったり、忍坂の室での土蜘蛛との戦いなどがあった。

そうした伝説の地に立って東征の頃に思いを馳せようと、我々はまず桜実神社を訪ねた。

神武天皇は大和へ進撃する途中、神社の後方にある山に陣を張られた。

その時に植えられたと伝わる八ツ房杉が神社の境内の一角にある。八本の幹からなる巨大な杉で、根元のまわりは九メートルもある。

まるで八岐大蛇が地下からはい出してきたようで、神社はこの杉をご神木として始まったらしい。樹齢はおよそ二千年というから、岡田先生の説に従えば神武天皇が植えられた可能性は大いにある。

この地から東へ二キロほど離れた所に、宇賀(うが)神社がある。

ここが宇迦斯兄弟の伝承の地だ。

神武天皇は兄弟のもとに使者をつかわして服従するように求めたが、兄宇迦斯は従わず、軍勢を集めて迎え討とうとした。

ところが軍勢が集まらなかったために、大きな御殿の中にわなを仕掛け、天皇を招いて謀殺しようとした。

これを知った弟宇迦斯が計略を天皇に告げたために、兄は自分が仕掛けた押機(おしき)につぶされて殺された。

その遺体を引きずり出して斬り散らしたので、このあたりを血原(ちはら)という。宇賀神社はこの兄弟を祀ったものだが、地元の人々の間では兄に対する同情の念が強いらしい。

血原を後にして八咫烏神社に向かう途中も、岡田先生

のご指南は続いた。

　それは大和政権がなぜ大和を都と定め、どのように地方の豪族を服属させていったかという謎を解き明かす話だった。

この国の形を定めた対唐外交

　奈良を旅している私たちは、なぜこの地に大和（やまと）朝廷が築かれ、日本の中心になったかという大きなテーマを背負っている。

　事は日本という国の成り立ち、日本民族の起源に関わる問題で、日本人の自己同一性（アイデンティティ）を確立する上できわめて重要なことは言うまでもない。

　ところが日本人は、この部分に触れることを意図的に避けてきた。

　それは天皇家の神聖性に関わるからで、この傾向は明治維新によって王政復古が行なわれたことによって顕著（けんちょ）になった。

　戦後民主主義の世の中になって、この点についての研究が進み始めたものの、いまだに定説というものは提示されておらず、国民の共通認識を形成するまでには至っていない。

ならばこの分野の研究者の方々に話をうかがおうと、一日目は纒向（まきむく）学研究センターの寺澤薫先生に会い、「三世紀の明治維新」という斬新（ざんしん）な説をうかがった。二日目には皇學館（こうがくかん）大学の岡田登先生に会い、『古事記』や『日本書紀』の記述と考古学の成果を融合させた説を教えていただいた。

今回はその話の続きから始めたい。

一世紀の初めに神武（じんむ）天皇は大和盆地に進出し、三世紀の初めに第十代崇神（すじん）天皇は都を纒向の地に遷（うつ）された。

これが『記紀』の記述にある磯城瑞籬宮（しきのみずがきのみや）だという。

「なぜ奈良盆地の東の出口であるこの地を拠点にしたかというと、大和朝廷が尾張（おわり）や東海などの東国勢力と密接な協力体制を築いていたからです」

雨の中を突っ走る車の中で、岡田先生はそう語られた。

そのことは崇神天皇の妃が尾張大海媛（おわりのおおしあまひめ）であることや、その皇子である八坂入彦命（やさかいりひこのみこと）が美濃（みの）に土着していることからも明らかで、この頃から大和は九州を中心とする西国（さいごく）の王権に対抗する力をたくわえていく。

瀬戸内海を大河と錯覚させる策略

「ちょっと待って下さい。東国の狗奴国は大和朝廷に敵対していたのではないですか」

私は遠慮なくたずねた。

大和は前方後円墳だが狗奴国は前方後方墳で、これは両者の対立を示していると学んだばかりだった。

「それは葬祭制のあり方の違いを示しているだけで、対立していたという論拠にはならないと思います。考えてみて下さい。大和朝廷はやがて出雲や吉備、九州に遠征軍を送るようになりますが、背後に巨大な敵を抱えている状態で、そんなことができると思いますか」

朝廷が天照大神を伊勢に移したことも、両者の親密さを示す傍証である。もし敵対しているのなら、そんなことをするはずがないからだ。

それに纒向遺跡から東海系の土器が多数発見されるのも、この地方から都造りのための役夫が継続的に動員されたからだという。

なるほど。そう考えると、私が長年抱いていた謎が二つとも氷解する。

神武天皇御手植えと伝わる桜実神社の八ツ房杉。

　ひとつは藤原氏の氏神で春日大社の祭神であるタケミカヅチが、なぜ茨城県の鹿島神宮から勧請されたかということ。

　もうひとつは壬申の乱（672年）の時に、大海人皇子軍がなぜ美濃、尾張の勢力を身方につけて大友皇子軍を打ち破ることができたかということだ。

　その詳細を記す余裕はないが、古代史を理解しなければ、その後に起こったことの意味も分からず、日本史そのものが曖昧模糊（あいまいもこ）としたものになってしまう。

大和朝廷と東国の関係をどう見るかは、そのひとつの例である。

「こうして勢力基盤を固めた朝廷は、崇神天皇十年に四人の将軍を諸国に派遣して全国平定に乗り出します。四道（しどう）将軍と呼ばれる人々です」

北陸へは大彦命（おおびこのみこと）、東海は武渟川別命（たけぬなかわわけのみこと）。この二人は父と子で、阿倍氏の祖である。西道には吉備津彦（きびつひこ）、そして丹後半島には丹波道主命（たにわのみちぬしのみこと）である。

中でも丹波（たんば）は重要で、大和朝廷はこの地に勢力を拡大することによって、九州を介することなく朝鮮半島との交易を行なえるようになった。

奈良県宇陀市には神武天皇ゆかりの史跡が点在する。

丹後半島に鉄や玉作りの跡が多く発見されるのも、網野銚子山古墳や神明山古墳のような日本海側でもっとも大きな前方後円墳が築かれたのも、このためである。（第2章「丹後半島編」参照）

やがて大和朝廷は吉備津彦と武渟川別命を出雲に侵攻させ、この地を平定して日本海航路をしっかりと確保する。

筑前の宗像氏を服従させ、沖ノ島の三女神を海北道中（朝鮮半島への渡海の道）を守る神として祀るようになったのも、おそらくこの頃のことだ。

三女神を「道主貴」と呼ぶが、これは丹波道主命と同じ言い方で、道中を守護する神という意味である。

このことが大和朝廷が丹波、宗像を径由して朝鮮半島との交易路を確保していたことを示しているという。

「やがて大和朝廷は九州まで制圧し、日本列島の大半を支配下におきます。そして、統一政権として、新しい国造りを進めていくのです」

まず着手したのが、朝鮮半島への軍事介入だった。

その象徴が第十四代仲哀天皇の后である神功皇后の三韓征伐である。四世紀中頃に倭国軍は渡海し、百済、新羅を破って勢力下においた。

これは史実ではないという批判も根強かったが、高句麗の広開土王碑にも同様の記述があることから、史実だったという説が有力になりつつある。

それ以後倭国は百済や新羅の新しい技術や知識人を受け容れ、富国強兵策を押し進めていくが、西暦六六三年に白村江の戦いで新羅と唐の連合軍に大敗し、朝鮮半島でのすべての権益を失って撤退せざるを得なくなった。

ちなみにそれから千三百年ほどの間に、日本は似たような過ちを二度くり返している。豊臣秀吉による朝鮮出兵と撤退、明治政府による韓国併合と昭和二十年の敗戦である。

ともあれ白村江の戦いに敗れた倭国は、早急に国土の防衛と政策の見直しを迫られることになった。

そこで六七二年の壬申の乱に勝利した大海人皇子（天武天皇）は、唐に接近することによって国力の充実をはかることにし、藤原京の造営や律令の制定など、唐風化を急いだのである。

取材三日目、我々は岡田先生とともに藤原宮の跡地を訪ねた。

藤原宮大極殿院閤門跡（奈良県橿原市）。

芝生におおわれた広大な土地は、前日の雨でぬかるんでいる。大極殿が建てられていた基壇は、土壇のまま保存されていた。

「藤原京は、約五キロ四方の広さがあり、平城京や平安京をしのぐ都であったことが分かりました。これは唐や新羅の使者を迎えた時に、大国だと印象づけるためだったと思います」

岡田先生のご教示によると、そうした意識操作は他国の使者を博多に入らせる時から始まっていた。

　ここで何日か使者を待たせ、瀬戸内海を通って都へ案内する。この時、細長い内海を大河と錯覚させ、国土そのものが唐に劣らぬほど広大だと思い込ませる。

　しかも大河の両側には点々と朝鮮式山城を築き、防備は万全だと見せつけたのである。

　そして大阪湾に入り、二上山の脇の官道を通って都の横大路に向かう。わざわざ山を越えさせ、都の景色を山上から見せつけて大国だと思わせようとしたのである。

　これも古代の外交術、戦わずして勝つための戦略だったという。

　確かに地図やＧＰＳがなかった時代には、瀬戸内海を川と言われれば、新羅や唐の使者は黄河や揚子江と同じだと思ったかもしれない。

　しかも満潮と干潮の時には、潮が川のように流れるので、いっそう騙しやすかったのではないだろうか。

平城京は国家の威信をかけた大事業

　ところが藤原京は、和銅三年（７１０）に平城京に遷されることになった。

莫大な費用と労力を投じて築いた都を、なぜたった十六年で放棄することになったのか。我々はそんな疑問をいだいて平城京の跡地を訪ねた。

平城京の大内裏である平城宮跡は、平成十年（1998）に「古都奈良の文化財」として東大寺などとともに世界遺産に登録された。

それをきっかけとして朱雀門や大極殿、朱雀門広場や東院庭園などが復元され、往時の姿をしのぶことができる。

広大な広場に立ち、巨大な大極殿を見上げると、千三百年も前にこれだけの都を築く力があったことに圧倒される。

初めは新築ではなく、藤原宮の大内裏を移築した。飛鳥川や秋篠川、佐保川の水運を利用し、船に積んだり筏に組んで運んだのである。

「まさに国家の威信をかけた大事業でした。東アジア世界では、条坊制の都を持つことが帝や国王の条件でしたから」

こうした都を築いて唐風化を進めていることを示すことが、唐との外交において重要だったと、岡田先生は語られた。

それは唐の冊封体制に入れてもらうためで、日本の儀礼を唐風に改めるほど徹底しなければならなかったという。

おそらく藤原京をわずか十六年で遷さなければならなかったのも、大内裏は都の真ん中ではなく、北側に作るべきだという唐の主張に抗することができなかったからだと思われる。

ついでながら他の条件は、律令（律は刑法、令は行政法）を制定して法治国家となること、仏教を受け容れて撫民政策を取ること、史書を編纂して王権の正統性を明確にすること、などであった。

この頃の矢継ぎ早の改革が、決して国内からの自発的なものではなく、唐との外交の必要から行なわれたことは、戦後の日米外交を見るようで複雑な思いがする。

一方、感心するのは日本人の建設における力量の大きさである。遷都の詔が出されたのが和銅元年（７０８）二月、遷都は二年後の三月なのだから、工事期間はわずか二年。

その間に奈良盆地を平坦にし、東西四・三キロ、南北四・八キロの碁盤の目状の道路網を整備し、大内裏の建物を移築したのだから、その頃から技術力や労働者の勤勉さは際立っていたに違いない。

往時を偲ばせる平城宮跡歴史公園。

創作された『日本書紀』

大和朝廷がいかにして成立し、どのような経緯を経て日本を統一する政権になったのか、興味はつきない。

我々は寺澤薫先生と岡田登先生の説をうかがい、大きな感銘を受けると同時に、古代史学界にもさまざまな見解があり、定説というべきものが成立していないことを知った。

言わば日本の成り立ちについては、いまだに謎のベールに包まれているということである。

そこで取材を終えた後にも、他にどんな説があるのだろうと気になっていたが、程なくして興味深い本に出会った。

大山誠一著『天孫降臨の夢』（ＮＨＫブックス）である。

大山氏は聖徳太子は実在しなかったという説で斯界の注目を集めた方だが、本書では『古事記』や『日本書紀』の編者がなぜそうした「捏造（ねつぞう）」をしたのか、古代史全般の問題とからめて論考しておられる。

結論から先に言えば、すべては藤原不比等（659〜720年）が仕組んだことだという。

彼は藤原家の外戚としての地位を正当化するために、『記紀』を編纂する時に数々の仕掛けをした。その一つが天皇の権威の絶対化で、天孫降臨や万世一系の神話はそのために作り上げたものだ。

その神話を説得力のあるものにするためには、天皇家の神聖を証明する史上の人物が必要である。

そこで実在した厩戸王に数々の虚構をほどこし、推古天皇の摂政として活躍した聖徳太子という架空の人物に作り変えたという。

不比等らの主導によって『日本書紀』が完成したのは養老四年（720）のことで、厩戸王が薨じたとされる推古天皇三十年（622）から百年ちかくたっている。

しかも斑鳩王家が蘇我氏によって滅亡させられたために、正確な記録も失われていた。

そこで講談師や歴史小説家が、史上の人物に脚色をほどこして理想の人物に創り上げるように聖徳太子を創り、その事跡をまことしやかに『日本書紀』に盛り込んだというのである。

　大山氏がこのような結論に至られた原因は、これまで聖徳太子の実在の根拠とされた法隆寺の薬師像光背の銘文や金堂釈迦三尊像光背の銘文、中宮寺（ちゅうぐうじ）の天寿国繍帳（しゅうちょう）の銘文などはすべて後世の作で、確実なものは何もないと分かったからである。

　不比等らが完全無欠とも言うべき太子像を作り上げたのは、天皇家の神聖と絶対性を演出するためばかりでなく、藤原氏が台頭する前に朝廷の実権を握っていた蘇我氏の功績をおとしめるためだった。

　藤原氏の祖である中臣鎌足（なかとみのかまたり）は中大兄皇子（なかのおおえのみこ）とともに蘇我入鹿（いるか）を討ち、大化改新を成し遂げて朝廷における藤原氏の独占的な地位を確立した。

　その行為を正当化するために蘇我氏悪逆論を定着させる必要があったが、仏教の導入や隋（ずい）や百済（くだら）などとの外交関係を確立した蘇我馬子（うまこ）の功績は、不比等の時代になっても広く知られていた。

　それを忠実として否定することは『日本書紀』編纂にあたってもできなかったので、仏教の導入や遣隋使の派遣などは馬子だけの功績ではなく、聖徳太子と共同して成し得たものだという見立てにした。

この見立てを本当らしく演出するために、厩戸王が推古女帝の摂政だったということにしたが、そもそも推古は即位しておらず、女帝そのものが架空の存在だと大山氏は断じておられる。

そんな馬鹿なと言いたくなるような大胆な仮説だが、その根拠も自著の中で明記しておられる。

使者を遣わした倭王は「多利思比孤」だと、『隋書』の「倭国伝」に記されていることだ。

〈開皇二十年（６００）、倭王、姓は阿毎、字は多利思比孤、号は阿輩雞彌、使を遣して闕に詣らしむ〉

その七年後、聖徳太子が小野妹子を遣わした時には、

〈大業三年（６０７）、その王多利思比孤、使を遣はし朝貢す〉

そう記されている。

従来の解釈に従えば、二度とも推古女帝が派遣した使者のはずなのに、倭王は「比孤（彦）」すなわち男であったというのである。

またこの使者への答礼使として隋の煬帝が派遣した裴（世）清は、飛鳥の都で倭王

と対面した。その報告が『隋書』に載っているが、そこにも〈既に彼の都に至る。その王、清と相見え、大いに悦びて曰く〉と記されている。

つまり当時の倭王は男だと裴世清が証言しているが、この人物こそ蘇我馬子であり、この時期には馬子が天皇として君臨する「蘇我王朝」があった。

大山氏はそう説いておられるのである。


もし蘇我王朝があり馬子が天皇だったとすれば、子の蝦夷（えみし）や孫の入鹿も天皇だったと考えられる。

それを討った大化改新は王権簒奪（さんだつ）、クーデターだったことになり、藤原不比等が目指した万世一系神話にもとずく天皇の絶対化とは大きく矛盾することになる。

そこで蘇我王朝の存在を何としてでも否定しようと、推古女帝と聖徳太子という架空の存在を生み出したという説には一理あるが、それでは蘇我王朝はどうやって成立したのか。

そのきっかけは古い「ヤマト王権」が滅亡し、継体（けいたい）天皇による新しい「大和王権」が成立したことだった。

その成立に蘇我氏が大きく寄与し、王権内で独占的な地位を確立したからだという。

以下、大山氏の説に従って一連の流れを俯瞰してみたい。

まず今回の取材の目的である、なぜ奈良が都になったかについて――。

理由のひとつは、奈良盆地が西日本で最大の平坦地であり、河内平野や山背（山城）盆地という後背地を持っていて、稲作に適していたこと。

もうひとつは奈良の東側に西日本と東日本を分ける山脈が走り、東の脅威から都を守ると同時に、三輪山のふもとから伊賀を経て伊勢に抜ける通路があったことである。

縄文時代中期には東日本の方が圧倒的に人口が多く（一説には全人口26万人のうち、24万人が東日本に住んでいたという）、土地は広大で資源にも恵まれていた。

やがて西日本に大陸系の弥生文化が広がり、稲作や鉄器の使用などによって生産力が高まり人口が増加すると、九州方面から近畿地方への移住が起こった。

その中の有力な者たちが奈良盆地に至り（それが神武東征神話を生んだのかもしれない）、東日本との通路が開けている纒向に最初の都を開いた。

そして西日本の先進文化を武器に東日本に進出すると同時に、東の豊富な労働力や資源を取り込んで、他の豪族より優位に立つことに成功した。

かくてヤマト王権の基盤は、朝鮮半島由来の最新の技術や文化を取り入れることと、東国の後進勢力を支配下におくことによって確立された。

ところが内陸部に成立したヤマト王権には、海外との交易や交流を主導する能力がなかった。そこで奈良盆地の南西部を拠点としている葛城氏と同盟することで、この弱点を補うことにした。

葛城氏は紀ノ川から瀬戸内海にかけて水軍を展開していた紀氏を勢力下におさめていた。この紀氏が瀬戸内海南岸の港を経由し、筑前の宗像氏と結ぶことで、朝鮮半島との航路を確保していたのである。

やがて四世紀末になり、高句麗の好太王（広開土王）が南下政策を取るようになると、窮地におちいった百済がヤマト王権に軍事援助を求めてきた。

百済の阿華王（在位３９２～４０５）は同盟の証として太子腆子を人質としてつかわしたが、この時同行した技術者や学者たちの子孫が、東漢氏や西文氏、秦氏などの姓を与えられて帰化し、日本文化の担い手となった。

やがて好太王が没して北からの恐威が去ると、百済との関係も疎遠になった。そこでヤマト王権は中国南朝（宋朝）に使者を送って交易することにした。

『宋書』の「倭国伝」に倭の五王が朝貢したと記されているのがそれで、その期間は西暦四二一年から四七八年に及ぶ。

この時期がヤマト王朝の最盛期だったが、王権崩落の危機は国内で深く静かに進行しつつあった。

その一つは百済などとの往来が活発化したために、各地の豪族たちが独自の交易や交流を行ない、ヤマト王権の外交の独占が崩れたことだ。

もう一つはそうした交易によって国内の産業構造が変わったことである。

朝鮮半島や宋朝からの最新技術がヤマト王権を介することなく諸国に伝わり、各豪族たちが軍事力や経済力を身につけるようになった。

そのことが東日本に対するヤマト王権の優位性まで否定することになったのである。

折しも四七五年には百済が高句麗に攻められて王都漢城を失い、四七九年には宋朝も滅亡して、ヤマト王権の外交が破綻した。

こうして凋落（ちょうらく）した王権に代わり、新たに大和王権を打ち立てて倭国に君臨したのが、オホド王（継体天皇）だったのである。

大山氏のこうした解釈は、戦国時代の政権交代に通じるものがある。

南蛮貿易が盛んになると、国内の産業構造が農本主義から重商主義的なものに変わり、守護大名が没落して織田信長や毛利元就（もとなり）のような戦国大名が台頭した。

そして信長によって室町幕府に終止符が打たれ、やがて徳川家康が開いた江戸幕府の世になった。

これと似たような経過をたどり、「ヤマト王権」が「大和王権」になったのである。

この時いち早くオホド王を支持し、大王（おおきみ）として大和の地に招いたのが、葛城氏に代わって外交権を掌握していた蘇我稲目（いなめ）（馬子の父）だったという。

オホド王の母は越前三国（みくに）の出身である。

八人の妻のうち二人を近江の三尾（みお）（高島郡）、一人を息長（おきなが）（米原市）、一人を坂田（坂田郡）から迎えている。他は尾張が一人、仁賢（にんけん）天皇の皇女が一人、茨田（まむた）（大阪市）が一人、出身不明が一人である。

こうした血縁関係から、オホド王は越前の敦賀港や若狭の小浜港を拠点にして海外交易をおこない、近江を支配して東日本と連携（れんけい）していたことがうかがえる。

しかも茨田にも進出し、淀川（よどがわ）ぞいに瀬戸内海とつながるルートも確保して、北と西から大和を封じ込めたのである。

このオホド王（継体天皇）と蘇我氏の関係は、大山氏の著者にある次の系図に明示されている。

継体の子欽明に、蘇我稲目は二人の娘（堅塩媛と子姉君）を嫁がせている。前者との間に推古と用明、後者との間に穴穂部間人皇后と崇峻が生まれた。

また欽明には宣化天皇の娘石姫との間に生まれた敏達がいて、やがて推古を妻とした。

そして、皇位は欽明から敏達、用明、崇峻、推古、舒明へと引き継がれたと『日本書紀』は伝えるが、用明（在位５８５～５８７）、崇峻（在位５８７～５９２）、推古（５９３～６２８）の即位はなかった。

実際には敏達から馬子、舒明、蝦夷、入鹿へと引き継がれたはずだと、大山氏は説いておられる。

舒明（在位６２９～６４１）は敏達と息長氏の娘広姫との間に生まれた押坂彦人大兄の皇子である。

実は大和王権においては海外交易を蘇我氏が、東日本の支配を息長氏が担当していた。馬子の後に息長系の舒明が即位したのは、両者の勢力バランスを保つためだった。ところが舒明の子である中大兄皇子は、再び皇位に復した蘇我氏との対立を深め、入鹿を討ち蝦夷を自殺させて大化改新を成し遂げた。

この時中大兄皇子に協力した中臣鎌足の子孫は、藤原氏の姓を公認されて朝廷の権力を独占した。

そしてこの独占を正当化するために、不比等によって『古事記』や『日本書紀』の恣意的な編纂が行なわれたという。

〈『記紀』神話ができる以前は天皇は神ではなかった。『記紀』の神話、つまり高天原（たかまのはら）、天孫降臨、万世一系の神話は、日本人が古くから伝えてきた伝承ではない。七世紀末から八世紀にかけて藤原不比等が作ったものである。天皇を利用するためである〉

大山氏はそう記し、『記紀』を鵜呑みにしている限り不比等の呪縛から抜け出せず、日本の古代史の実像を知ることはできないと訴えておられる。

そうした説もあるのかと驚ろかされるが、聖徳太子ゆかりの品々がすべて後世の作であるという事実や、遣隋使を派遣したのが推古女帝ではなく「多利思比孤」だったという『隋書』の記述を勘案すれば、納得できるところも多いのである。

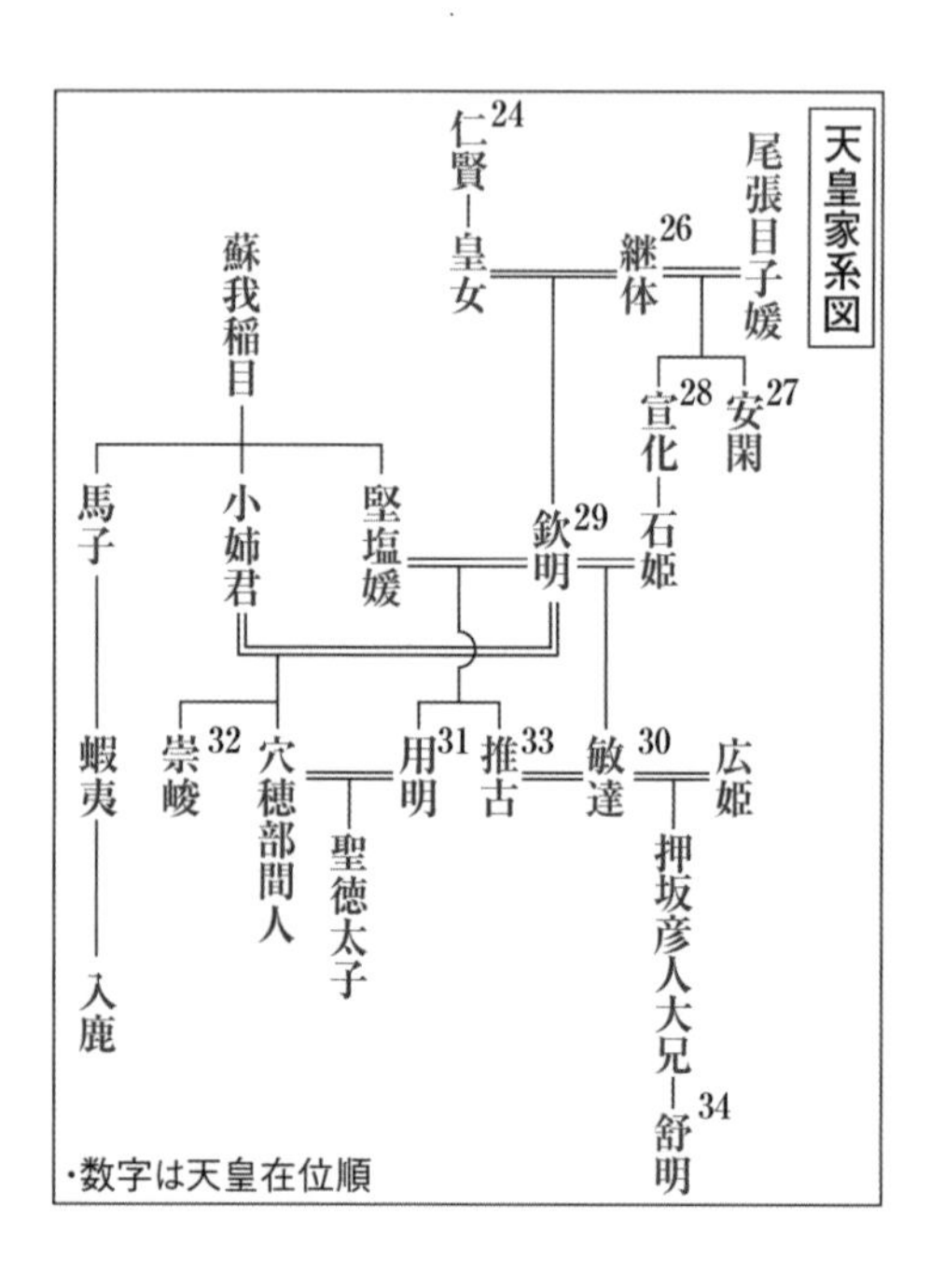
天皇家系図
尾張目子媛
継体 26
仁賢 24
皇女
蘇我稲目
宣化 28
安閑 27
馬子
小姉君
堅塩媛
欽明 29
石姫
蝦夷
崇峻 32
穴穂部間人
用明 31
推古 33
敏達 30
広姫
聖徳太子
押坂彦人大兄
入鹿
舒明 34
・数字は天皇在位順

第二章●謎の丹後王国編（丹後半島）

古代丹後王国は実在したのか？
大和朝廷と密接関係を築いた丹後政権と籠神社の謎

もうひとつの大和

巨大権力と日本海三大古墳

出雲と丹後交流の痕跡

もうひとつの大和

午前九時二十五分、京都駅発の「はしだて1号」に乗り、天橋立へ向かった。イメージカラーは赤。これは大江山の鬼伝説の赤鬼にちなんでいるという。

走ること二時間、丹後半島の東のつけ根に位置する天橋立駅に着いた。

きれいに整備された駅舎には、「海の京都」というキャッチフレーズが大書してある。ここも京都であることをアピールして、観光客の誘致につなげようという作戦である。

その努力は成果をおさめているようで、駅には多くの観光客がいた。

その半数近くは外国人で、中国から来た人も多い。日本三景のひとつに数えられる景勝地なのだから、これからもっと訪れる人が増えるだろう。

まず天橋立に行った。

おだやかな内海を二分して北へ続く砂州に、松林が生い茂っている。向かって左側が阿蘇海、右側が与謝海（宮津湾）である。

青い海の中に深緑色の松林が続く様は、美しいばかりでなく天地の成り立ちの不思議さを思わせる。その感覚は太古の人たちにもあったようで、天橋立（天の浮橋）の国生み神話が語りつがれてきた。

かつてイザナギとイザナミはこの橋に立ち、天の沼矛（あめのぬぼこ）で海をかきまわした。その矛を引き上げた時、先からしたたり落ちたものが重なって、日本の原形であるオノゴロ島ができた。

また一説には、イザナギは真名井（まない）神社にいるイザナミに会うために、天から地に天の橋立を渡して通っていたが、寝ている間に倒れて今のような姿になったという。

こんな神話が生まれたのも、天橋立の神秘的な地形によるのだろうが、丹後にはここが日本の発祥の地ではないかと思わせる神話や伝説、史蹟（しせき）や古墳などがたくさん残っている。

それは大和（やまと）朝廷より古い時期から、さかんに大陸と交易していたことに由来する。もうひとつの大和とも言うべき丹後を、今回はじっくりと味わってみることにしよう。

丹後にもうひとつの日本建国のルートあり

古くから天橋立は神の道だと意識されていた。

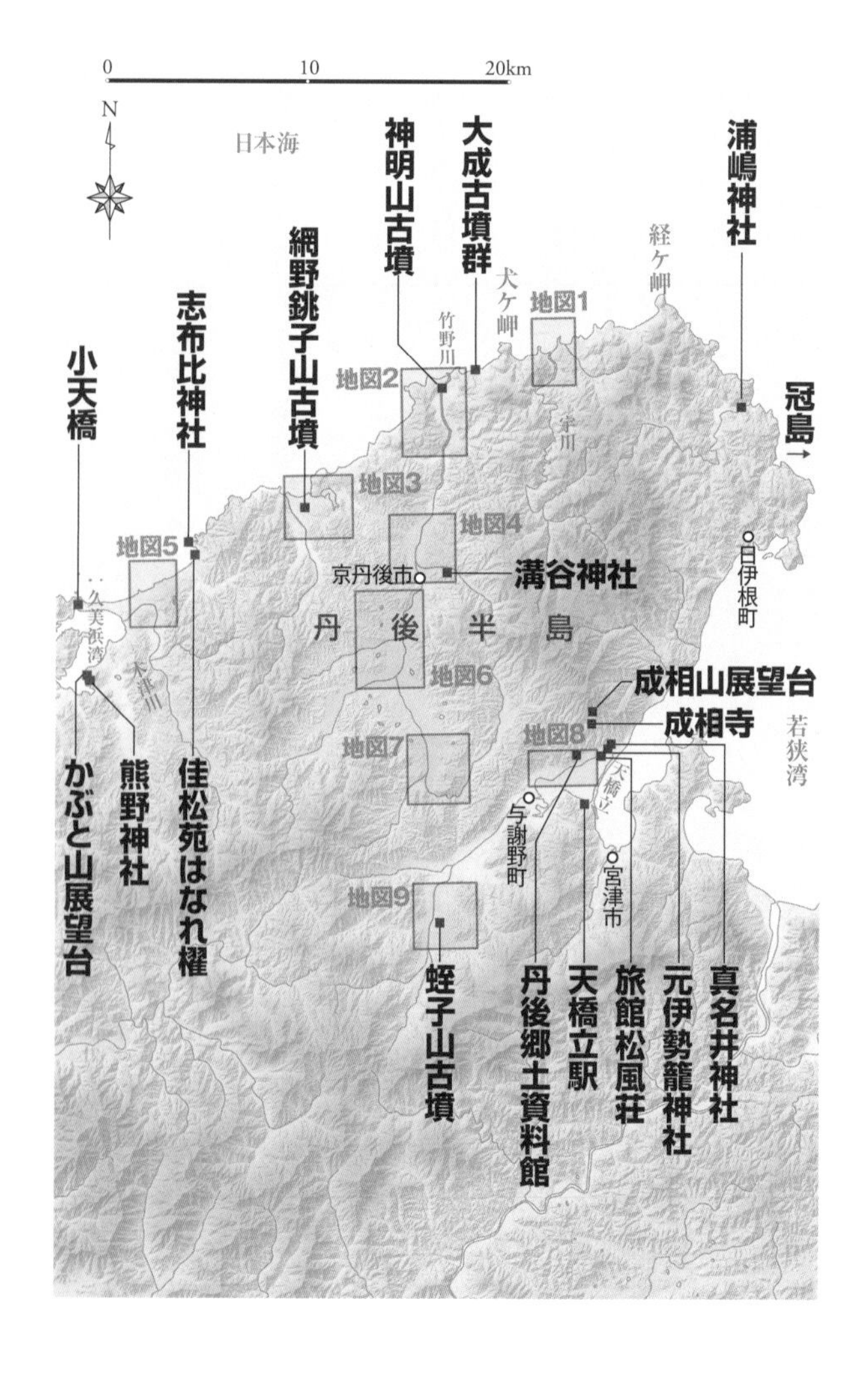

0
10
20km
N
日本海
神明山古墳
大成古墳群
浦嶋神社
網野銚子山古墳
犬ケ岬
経ケ岬
志布比神社
竹野川
地図1
小天橋
地図2
宇川
冠島→
地図3
地図4
地図5
日伊根町
京丹後市
溝谷神社
久美浜湾
丹後半島
木津川
地図6
成相山展望台
成相寺
若狭湾
地図7
地図8
天橋立
与謝野町
宮津市
地図9
かぶと山展望台
熊野神社
佳松苑はなれ櫂
蛭子山古墳
丹後郷土資料館
天橋立駅
旅館松風荘
元伊勢籠神社
真名井神社

国生み神話にも登場する天橋立。

神の依り代と考えられている松が、びっしりと植えられているのはそのためである。

この道を通って海を渡った所に、籠神社がある。石造りの一の鳥居をくぐって参道を進むと、二の鳥居の奥に神門と拝殿がある。

いずれも伊勢神宮と同じ唯一神明造で、元伊勢と呼ばれた籠神社の由緒の深さを物語っている。

神社の祭神は彦火明命で、その子孫である海部家が代々宮司をつとめてこられた。第八十三代である海部穀成さんに境内を案内していただいた。

海の民の末裔らしい立派な体格をした温厚な方だが、お話をうかがっているうちに強い信念を秘めておられることが分かった。

「千三百年前は丹後と丹波はひとつの国で、丹波と呼ばれていました。田に植えた赤米の穂が、風にゆれて波のように見えることからつけたもので、田庭という字を当てていたようです」

それは丹波が稲作先進地帯だったことや、古くから大陸との交易があったことを現している。

籠神社は丹後の一の宮であり、海部家は丹波の大縣主（律令制以前の地方の長）として大丹波王国と呼ばれるほど強大な国を築いていた。

丹後半島からは、第九代開化天皇の妻となった竹野媛、第十一代垂仁天皇の妻となった日葉酢媛などを拝出し、天皇家との関係も深かった。

ところが和銅六年（七一三）に、丹波は丹後と丹波に分国された。

大丹波王国と大和朝廷の間で何らかの争いが起こり、国を分けることで海部氏の力を削ごうとしたのだという。

「籠神社が元伊勢と呼ばれるのは、第十代崇神天皇の頃に天照大御神が新しい住まいを求めて諸国を巡幸なされた時に、当社の奥宮である真名井神社にしばらくとどまっておられたからです。垂仁天皇の頃に倭姫命によって伊勢の地に移されましたが、この倭姫命の母神は海部家出身の日葉酢媛なのです」

その関係の深さを象徴しているのが、本殿の高欄にかざられている五色（青、黄、赤、白、黒）の座玉である。

これは伊勢神宮と籠神社以外、用いることを許されていない格式の高いものだという。

海部さんに案内していただき、奥宮の真名井神社に詣でた。

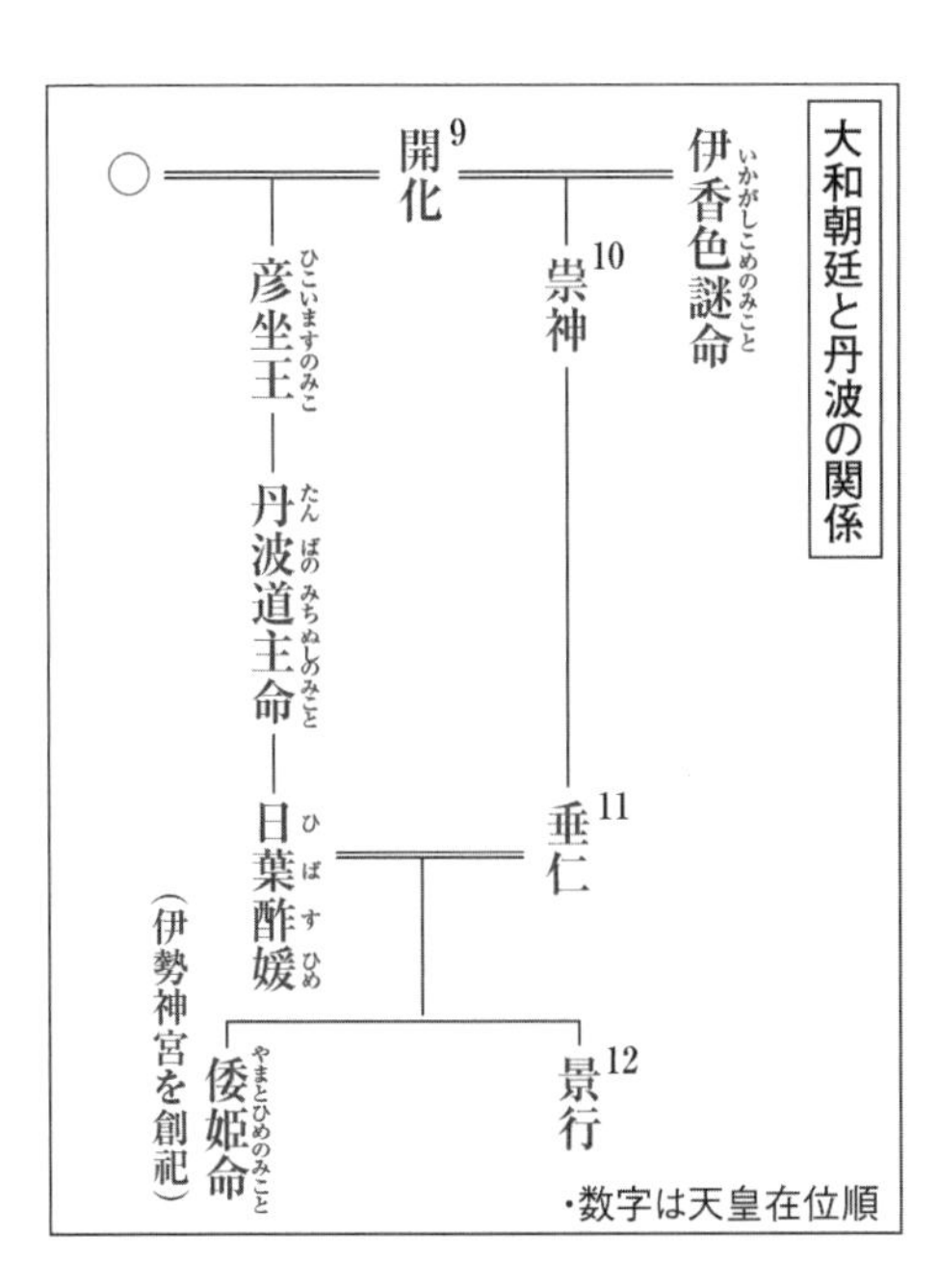

ここにはイザナギ、イザナミの二神と、豊受大神が祀られている。参道の入口には天の真名井の水がある。

ここの水は海部家三代目の天村雲命が、天上から持ち帰った御神水だという。天村雲命は初めにその水を日向の高千穂宮の井戸に移し、その後にこの真名井の井戸に移した。そして伊勢に遷宮した時に、倭姫命が神宮外宮の上御井神社の井戸に移したと伝えられている。

また海部家四代目の倭宿禰命は、神武天皇が東征した時に亀に乗って明石海峡に現れ、浪速、河内、大和への道案内をした。

その手柄によって大和建国の第一の功労者と賞され、倭宿禰の称号を与えられた。

籠神社の境内には、その姿

本殿高欄に据えられた座玉。

奥宮真名井神社。御神水が伊勢に遷ったといわれる。

を写した銅像が建てられている。
　海部家の祖神である彦火明命は、日向に降臨した瓊瓊杵命の兄神で、祖母神にあたる天照大神から授けられた息津鏡、辺津鏡を持って若狭湾に浮かぶ冠島（別名常

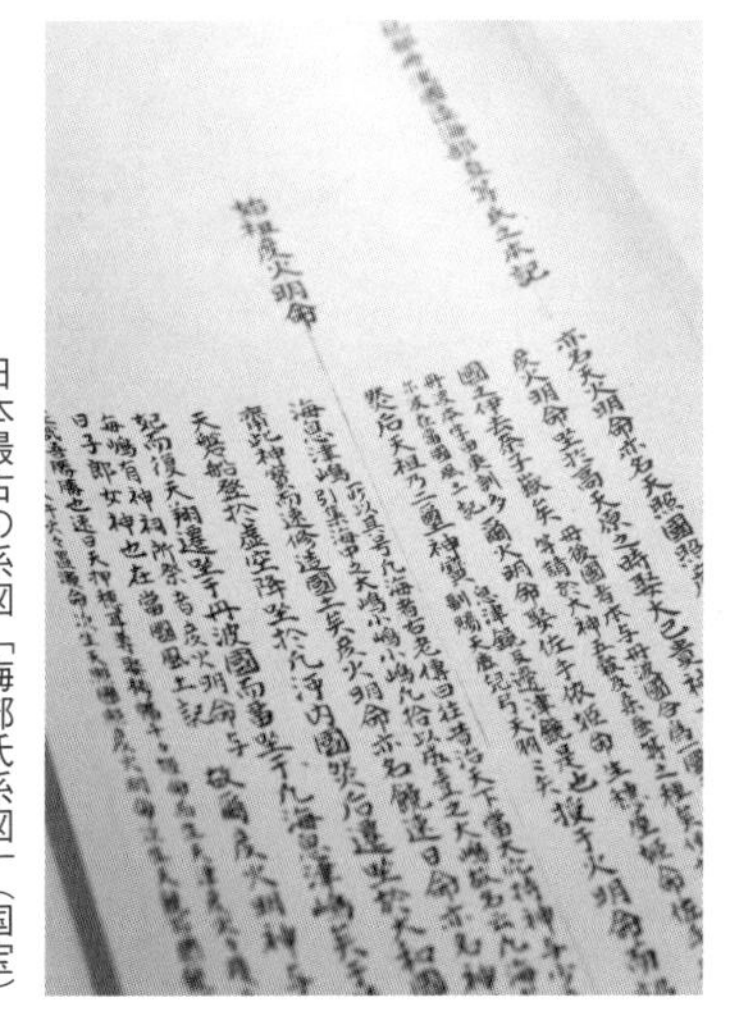

日本最古の系図「海部氏系図」（国宝）

世島、息津島）に降臨した。

いわば日本建国のもうひとつのルートなので、大和朝廷や伊勢神宮との関わりも深い。それを証す品々が、神社の資料室に保存されている。

「これが海部氏系図です。平安時代初期に作成されたもので、国宝に指定されています」

海部さんが縦二十五・三センチ、長さ二百二十一センチの大きな系図を広げて下さった。

楮紙五枚を継いで作った巻物で、人名の上に二十八個の丹後国印が押され、公に認められたものであることを証している。

天照大御神の子孫の天照国照彦火明命から始まり、天香語山命、天村雲命、天忍人命（倭宿禰命）と続く、直系男子のみを記した系図である。

「天孫系の神々だった一門は、二十代海部直都比の頃に海部の姓と直の官位を授けられます。これは臣下に落とされたということです」

それがどんな理由で行なわれ、どんなドラマがあったのか、大いに興味をそそられるが、いまだに解明はなされていないようである。

次に天照大御神から授けられたという二面の鏡の複製を見せていただいた。

辺津鏡は直径九・五センチと小ぶりで、中国の前漢時代（紀元前五十年頃）のものだという。鏡には十七文字の漢字で「この鏡の質は清純で、明るく照らし、光り輝く様は日月のようである」という意味の銘文が記されている。

息津鏡は直径十七・五センチ。後漢時代（紀元五十年頃）のもので、「長く子孫に宜し」という銘文がある。

二つの鏡と類似したものは、九州や畿内の古墳からも出土しているが、このように伝世鏡として子々孫々に伝えられてきた例はない。おそらく皇室に伝わる八咫鏡と双璧をなす神宝だと思われる。

資料室には海部氏系図の詳細を記した「海部氏勘注系図」が保存されていて、これも国宝に指定されているが、その中に彦火明命がこの二面の鏡を天照大御神から授けられたことが明記されている。

考古資料とされる鏡が、伝来起源を文献資料である系図によって明示されている例はきわめて少なく、資料的価値ははかり知れないのである。

「古代海人族」、海と神社のネットワーク

資料室を見学した後、境内にある古代丹波歴史研究所へ行き、所長の伴とし子さんにお話をうかがった。

「海部氏系図」などの研究をもとに、丹後の歴史の再評価を進めておられる方である。

これまでに『古代丹後王国は、あった』（東京経済）、『ヤマト政権誕生と大丹波王国』（新人物往来社）などを上梓し、日本の古代史に一石を投じる

元伊勢 籠神社は丹後国一宮でもある。

籠神社に代々伝世されてきた息津鏡（後漢時代）。

辺津鏡（前漢時代）

説を展開しておられる。

「今まで日本の古代史は、『古事記』や『日本書紀』の記述をもとに語られてきました。しかし籠(この)神社には海部氏系図などの多くの史料が残され、記紀とは違った歴史が語られているのですから、謙虚に耳を傾けるべきだと思います」

伴さんの説の要点は以下の通りである。

天孫降臨(てんそんこうりん)は日向だけではなく丹後にもあった。

日向には瓊瓊杵命(ににぎのみこと)が天降(あまくだ)ったが、同じ時期に兄神の彦火明命(ひこほあかりのみこと)が丹後に天降っている。

しかも神武天皇が九州から東征する前に、大和地方は彦火明命の子孫によって統治されていた。そのことは『日本書紀』の記述からも明らかなのに、その後彦火明命の末裔のことも大丹波王国の存在も公の記録から消し去られている。

その誤りを正さないかぎり、日本の古代史の本当の姿は見えてこない。

私にはその真偽を判断する力はないが、記紀は大和朝廷公認の見解であり、不都合なことは隠されているという認識では一致している。

皇室の紀元二千七百年を西暦二千四十年に控え、こうした史観が見直され、古代の本当の姿が明らかになることを願っている。

それと同じくらい気になるのは、籠神社の伝承と福岡県宗像（むなかた）市の宗像大社の伝承がきわめて似ていることだ。

彦火明命は息津鏡（おきつかがみ）と辺津鏡（へつかがみ）を持って息津島に降臨し、隣の沓島（くつじま）から市杵島姫（いちきしまひめ）を妻に迎えたという。

宗像大社でも沖ノ島の沖津宮（おきつみや）に田心姫神（たごりひめのかみ）、大島の中津宮（なかつみや）に湍津（たぎつ）姫神、そして宗像の辺津宮（へつみや）に市杵島（いちきしま）姫神をお祀りしている。

しかも海部、宗像両氏とも海人（あま）族で、神々の御神幸（ごしんこう）（お渡り）を祝う「御生（みあ）れ祭」を行なっているのである。

これはいったいどういうことなのか?

大胆な仮説にすぎないが、太古の昔、海人族は日本海沿いに広く分布し、丹後の天橋立や久美浜（くみはま）を首都としていた。

その力は大和朝廷が成立する前の大和地方にまで及んでいた。

ところが神武東征以後に少しずつ勢力を奪われ、やがて臣下にまで降格された。

だが出雲（いずも）や宗像にいた海人族が、航海技術や造船技術、大陸との交易能力をいかし、大和朝廷と拮抗（きっこう）する勢力を築き上げた。そう考えることはできないだろうか。

その夜は籠神社に近い旅館「松風荘」に泊まり、天橋立を眼下に望める部屋で丹後の銘酒と海の幸を堪能した。

ちなみにここは丹後杜氏で知られた酒の名産地だが、その起源は神話の時代までさかのぼる。

昔、天から八人の天女が舞い下りて、粉河の清流で沐浴し、酒造りを行なった。

それを見ていた塩土老翁は、彼女たちが沐浴している間に、一人の天女の羽衣を隠し取り、天に帰れないようにした。

しかも彼女を妻にした上に、酒造りまでさせたのである。

名前の通り何とも狡っ辛い爺だが、彼のおかげで丹後には酒造りの秘伝が残された。

「伊勢の酒殿明神は、丹後国より勧請す。和朝の酒の根本是なり」

籠神社に伝わる『丹後国一宮深秘』はそう伝えている。

丹後半島は遺跡と古墳の宝庫

丹後はかつて日本の先進地帯だった。

京都府にある約一万三千の古墳のうち、半数以上の約六千六百が丹後に集中してい

浦嶋伝説を今に伝える浦嶋神社（京都府伊根町）

ることが、この事実を雄弁に物語っている。

これだけの古墳を造れるほど人口も多く、経済的にも豊かだったわけだが、それを支えたのは海運による交易や交流だった。

丹後に残る浦嶋（うらしま）伝説は、それを反映したものである。

伝説の地に立つべく、伊根（いね）町の浦嶋神社（宇良（うら）神社）を訪ねた。

本庄浜（ほんじょうはま）から一キロほど西に入った所で、砂利をしきつめた境内には拝殿（はいでん）と本殿が建てられている。

浦嶋太郎の伝説はよく知られているが、社伝によれば長い旅に出たのは浦嶋子（うらしまこ）で、太郎は彼の父親だったという。

浦嶋子は二十一代雄略（ゆうりゃく）天皇の二十二年

（四七八）に美婦（乙姫）に誘われて常世の国に行き、五十三代淳和天皇の天長二年（八二五）に帰ってきた。

実に三百四十七年ぶりの帰郷である。

その後はご存じの通り、知人が一人もいない変わりはてたふるさとに絶望し、乙姫さまからもらった玉手箱を開けて一挙に老人となるが、興味深いのは丹後半島の西側の網野町にも浦嶋子を祀った網野神社があることだ。

しかも町内にある網野銚子山古墳の近くには、浦嶋子が帰郷後に住んだ屋敷跡がある。屋敷の側には「皺榎」と呼ばれる、樹皮が皺のように波打った榎がある。碑文によれば、玉手箱を開けて老人になった浦嶋子は、驚愕のあまり顔の皺をむし り取ってこの樹に投げつけた。

それ以来、樹皮が醜い皺をなすようになったという。

このことをお聞きになった淳和天皇が、天長二年に浦嶋子を祀る神社を創建されたのだから、単なる伝説とは言いきれない歴史的背景があったはずだ。

あるいは浦嶋子は一人ではなく、何代にもわたって海外移住した後にもどってきた一族かもしれないのである。

強大な王権の存在を示す古墳と装飾品

取材の二日目、竹野にある「丹後古代の里資料館」（地図２）を訪ねた。

奈良の唐招提寺に似た大屋根を両断した形の大胆なデザインの資料館の前で、前館長の三浦到さんと、京丹後市観光振興課の堀江亮平さんが出迎えて下さった。

三浦さんは考古学の泰斗である故森浩一氏のお弟子さんで、『京都の歴史を足元からさぐる―丹後・丹波・乙訓の巻』（学生社）では、師匠と共同執筆をしておられる。

丹後史の生き字引のような方だが、気さくで温厚な初老の紳士で、我々の手を取り足を取るようにして案内して下さった。

「丹後は約八千年前の縄文時代早期から人々の生活の跡が現れるようになり、六千年前くらいから次第に活発になっていきます。この頃には地球が温暖化し、海の水位が２～３m上がった縄文海進が起こり、食料の確保が容易になっていったのです」

青森市の三内丸山遺跡で人々が生活を始めた頃と同じ時期である。

温暖化によってドングリや栗などを植え、実を収穫して食べることができるようになった。雑木林には下草が生え、小動物も住むようになったので、弓矢を用いて狩りも行なわれるようになった。

海ではタイやヒラメ、シジミやハマグリなども獲れるようになり、海の近くの高台での定住化が進んだ。

大宮町の裏陰遺跡（地図7）や網野町の松ヶ崎遺跡（地図3）はその頃のものである。

この頃にはすでに船で海に乗り出し、漁労や交易をしていたようで、舞鶴市の浦入遺跡（地図枠外）では約五千三百年前に作られた丸木舟が発見された。

大木をくり抜いて作ったものだが、長さは九メートル近い。しかも遺跡からは北陸産の玉類や、隠岐島の黒曜石が出土し、日本海交易が行なわれていたことが明らかになった。

「やがて縄文中期から後期になり、丹後町の平遺跡（地図1）や網野町の浜詰遺跡（地図5）の時代をむかえます。それが終わると、いよいよ稲作の技術が日本に伝わり、弥生時代に入ります。その代表的なものが、この資料館の北側に残る竹

網野銚子山古墳に近接する浦島子の屋敷跡伝承地。

野遺跡（地図2）なのです」

三浦さんは遺跡や古墳の分布状況を記した大きな地図を指しながら説明して下さった。

それを見れば、古代の人々がどのような場所に住んだかがよく分かる。

平遺跡は犬ヶ岬の東を流れる宇川の河口に近い砂丘だし、浜詰遺跡は木津川の河口の右岸に位置している。

竹野遺跡も竹野川の河口に近い場所である。

縄文後期から弥生時代の初めにかけて、生活の場がより海に近い場所に移ったのは、それだけ海の交易と漁労が重要になったからだと思われる。

それを証明するように、平遺跡からは九州産のクロム白雲母で作った小玉や管玉が、竹野遺跡からは遠賀川式土器が出土している。

その頃にはすでに、九州との交易が盛んに行なわれていたのである。

竹野遺跡に定住するようになった弥生人は、やがて竹野川をさかのぼって内陸部に進出し、峰山町の扇谷遺跡や途中ヶ丘遺跡（ともに地図6）を残すことになる。

二つの遺跡の大きな特徴は、居住地のまわりに深い溝をめぐらした環濠集落であることだ。中でも扇谷遺跡には二重に溝がめぐらしてあり、内側の溝は幅四メートル、深さ二メートルもあるV字形のものである。

環濠集落からは玉作りに用いる石材や鋳造鉄斧などの鉄製品、鍛冶滓（くず）、ガラス塊などが出土していて、中国大陸や朝鮮半島からもたらされた最新の技術を使って、鉄製品やガラス製品を作っていたことがうかがえる。

そうした製造や稲作にたずさわっていたのは、おそらく渡来人たちだったのだろう。そうして巨大な富を蓄積したために、略奪を恐れて環濠集落を作ったものと思われる。

狩猟採集を中心とした縄文時代にはそれほどでもなかった貧富の差が、稲作や交易が盛んになるにつれて大きくなり、やがて貧しき者たちは従属や収奪を強いられるようになる。

弥生人による縄文人の支配が、こうして進んでいくのである。

「それにしても凄まじい数だなぁ。これを見ただけで、丹後半島の先進性が分かりますね」

三重大学の藤田達生教授は分布図を見上げて茫然としておられる。

それは私も同感だった。

丹後には京都府の古墳の半数以上が集まっていると聞いていたが、これほど密集しているとは想像すらしていなかったのである。

「やがて財力を得た者が支配者となり、地域の王になっていきます。そうして王権の象徴である大きな墳墓を築き、貴重な品々を副葬しました。初めは方形貼石墓（※）と呼ばれるもので、奈具岡遺跡（地図4）や日吉ヶ丘遺跡（地図9）で発見されています」

やがて弥生時代後期になるとこの形式は影をひそめ、山の斜面を階段状に削り出した方形台状墓が造られるようになった。

代表的なものがここの近くの大山墳墓群（地図2）や、大宮町の三坂神社墳墓群（地図7）だという。

三坂神社三号墓からは中国製と考えられている素環頭鉄刀や鉄鏃、鉇などの鉄製品。水晶の算盤玉や、ガラスの勾玉や管玉を飾った女性のヘアバンドのような装飾品も出土している。

いずれも王権の強大化を示す副葬品で、すでに算盤が用いられていることが富の集積が進んでいたことをうかがわせるが、この傾向は弥生時代後期後半の大風呂南一

（※）方形の盛り土の周囲に石を貼り付けた墳墓。

号墓（地図8）や赤坂今井墳墓（地図6）になるといっそう顕著になっていく。

そして古墳時代になると、日本海三大古墳と呼ばれる蛭子山古墳、網野銚子山古墳、神明山古墳という、日本でも最大級の前方後円墳が出現するのである。

「丹後」は大和朝廷に一目おかれていた

丹後は考古学の宝庫である。

これほど狭い地域に、約八千年前から古墳時代までの遺跡が層をなして残っている例は、全国でも稀である。

しかも保存状態が良好で、日本海沿岸各地や大陸との交易の実態を今に伝える品々

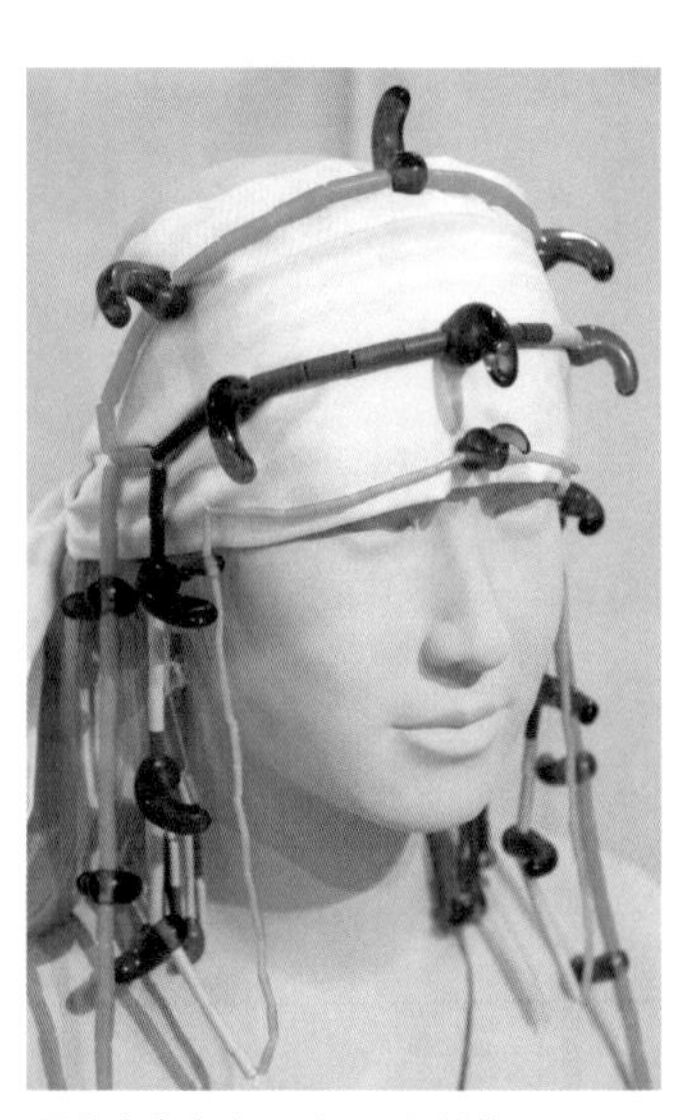

丹後半島出土のガラス製装飾品。

も数多く残っている。

いまだに手つかずの遺跡もあり、その調査、研究が進められたなら、古代史を塗り変える発見があるのではないかという期待も高まっている。

それなのに飛鳥や奈良、九州北部のように注目されないのはなぜだろう。

あるいは籠神社の海部穀成さんや古代丹波歴史研究所の伴とし子さんがおっしゃるように、彦火明命とその子孫の存在が、『古事記』や『日本書紀』以後の正史から抹殺されたことが、関係しているのかもしれない。

三浦さんに案内していただき、我々は考古学の研究の現場に分け入ってみることにした。

日本海三大古墳

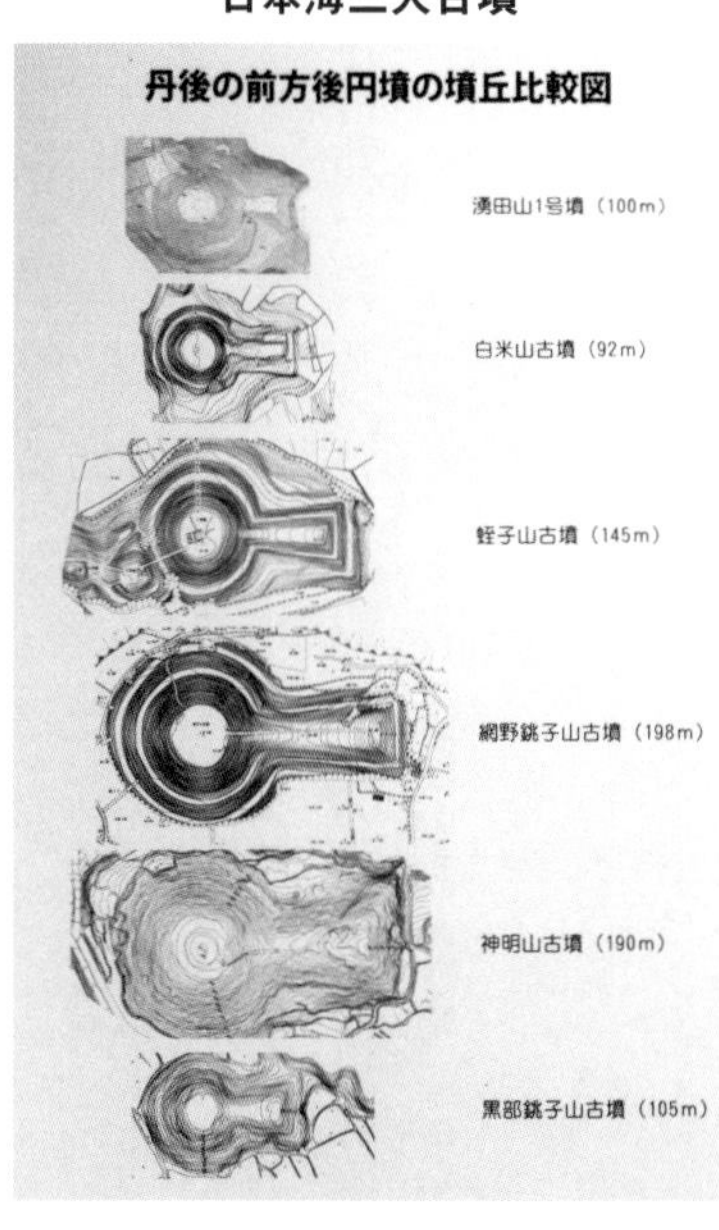

最初に訪ねたのは神明山古墳である。

資料館のすぐ東に位置していて、山の尾根先を前方後円墳形に削り出している。全長は百九十メートル。四世紀末に築かれたもので、当時は表面が葺石に隙間なくおおわれていた。

後円部に立つと、竹野川沿いに広がる平野や、日本海を一望することができる。かつては古墳のすぐ側まで竹野潟の潟湖が迫っていて、日本海を渡ってくる船の港として使われたという。

「葺石におおわれた古墳は、太陽に照らされてキラキラと輝き、日本海を通る船からも良く見えたことでしょう。巨大な古墳はランドマークであると同時に、遠来の客に王権の強さを示すシンボルでもあったのです」

かつてこの地に独自の政権を築いていた丹後の王たちは、四世紀になると大和朝廷と親交を結び、畿内政権の一翼をになうようになった。

大和で発達した前方後円墳を築いていることが、そのことを示しているが、これは朝廷への従属ではなく、独自性を維持したままの連合であった。

そのことは、古墳に立てられた円筒埴輪が物語っている。

普通の円筒埴輪は土管状だが、丹後では土管の頂部にお椀（わん）をかぶせたような形にし、その中央に丸い穴をあけている。

これは丹後にしかない形式で、「丹後型円筒埴輪」と呼ばれている。

こうした埴輪を用いることが許されたのは、大和朝廷にも一目おかれる存在だったからだというのである。

網野銚子山古墳には二千個以上の円筒埴輪が立てられていたというから、神明山古墳もほぼ同じ状態だったのだろう。古墳の段になった所にずらりと並べられた円筒埴輪は、遠来の客たちにどのような視覚的効果をもたらしただろうか。

埴輪は殉死していった従者たちの代わりにおくようになったのだから、秦（しん）の始皇帝（しこうてい）の兵馬俑（へいばよう）のように、あの世でも王を守ることが期待されていた。

それと同時に、埴輪の大きさや数が軍勢の強大さや領国の豊かさを、他国の使者に見せつける役目をはたしていたに違いない。

古墳のすぐ近くには、竹野（たかの）神社（地図2）と斎宮（いつきのみや）神社が同じ境内に建てられていた。

竹野神社の祭神は天照大神（あまてらすおおみかみ）だが、これを祀ったのは丹波大県主由碁理（たにわのおおあがたぬしゆごり）の娘で、第九代開化（かいか）天皇の妃となった竹野媛（たかのひめ）である。

斎宮神社の祭神は開化天皇の皇子である日子坐王(ひこいますおう)だが、彼は丹波に派遣されて丹波道主命(たにわのみちぬしのみこと)になったとも、丹波道主命の父だとも伝えられている。

この道主命の娘が第十一代垂仁(すいにん)天皇の妃となった日葉酢媛(ひばすひめ)で、丹後と大和朝廷が厚い婚姻関係で結ばれていたことがうかがえる。

このあたりは神話の領域なので少々わかりにくいが、神明山古墳のすぐ側に二人の妃にゆかりの神社があることが、この古墳の被葬者と深い関係があったことを示している。

そして丹後には、日葉酢媛と大和朝廷との関わりを決定づける、もうひとつの巨大古墳が存在する。

それが網野銚子山古墳なのである。

日本海側最大の網野銚子山古墳。

網野銚子山古墳は墳丘に立ち入り可能。

朝鮮半島・新羅とのつながり

取材二日目は夕日ヶ浦温泉の「佳松苑（かしょうえん）　はなれ櫂（かい）」に泊まった。日本海に面した部屋からは、海水浴場に適した遠浅の砂浜と長い海岸線が見渡せる。夕日ヶ浦の地名は日本海に沈む夕日が美しいことからつけられたもので、太陽が水平線に落ちていくにつれて、空と海が刻々と色相（いろあい）を変えていく。雄大さと同時に、そこはかとない哀愁（あいしゅう）を感じさせる景色である。

翌朝早く、海岸に散歩に出た。北の方に横たわる岬の先端まで行くと、浜詰（はまづめ）漁港があった。海に突き出した立地や深く湾入した地形が港に適しているよう

丹後型円筒埴輪

だ。

道のかたわらに鳥居が立てられ、山上へ続く参道がある。

志布比神社という名前に興味をひかれて奥へ進むと、港を見下ろす位置に社殿があった。規模は小さいが何やらゆかしげな造りで、境内は美しく掃き清められている。社殿におかれた由緒書きによると、第十一代垂仁天皇の時代に、朝鮮半島の新羅国王の皇子である天日鉾命が御座船に九品の宝物をつんでこの地にやってきた。

御座船を先導したのは塩土翁（羽衣伝説にも登場する）で、上陸地の近くに社殿を建てて天日鉾命をお祀りした。

ところがその後、天日鉾命は但馬国出石郡（兵庫県出石市）に移り、九品の宝物は垂仁天皇に献上された。

その宝物とは①日の鏡、②熊の神籬、③出石の太刀、④羽太玉、⑤足高玉、⑥金の鉾、⑦高馬鵜、⑧赤石玉、⑨橘だったという。

⑨の橘が初めて伝わった所なのでこの地を橘の庄と名付け、やがて木津と表記するようになった。

天皇に献上された橘は、内裏の紫宸殿の向かって左側に植えられ、右近の橘と呼ばれるようになった。

現在の志布比神社は、天日鉾命が出石に移った後に社殿を現在地に移し、他の神々も合わせて祀ったものだという。

丹後には大和と同一設計の古墳がある

天日鉾命についての記述は『日本書紀』や『古事記』にもあり、上陸地や宝物の種類についての記述が少しずつ違うが、新羅の皇子が天皇に宝物を献上したことは共通している。

神社におかれた由緒書きは、『丹後国竹野郡誌（たんごのくにたけののぐんし）』を中心にして、宮司（ぐうじ）の高田昭彦氏が記されたものだが、天日鉾命が丹後から出石に入ったという説は、丹波（たにわ）王国の源流を考える上でも興味深い。

宝物の日の鏡は青銅鏡を、金の鉾は鉄刀や鉄鉾を、数種類の玉は勾玉（まがたま）や管玉（くだだま）を想わせる。つまり天日鉾命は、丹波王国の繁栄の基礎となった品々を丹後にもたらしたと考えられるのである。

三日目の取材に出た我々は、丹後と新羅のつながりを今に伝える二つの場所を訪ね

日本海を、はるか大陸を望む大成古墳。

た。

　ひとつは竹野漁港に近い大成古墳群である。

　十六基以上の横穴式石室墳からなる群集墳で、このうちのいくつかは地表にむき出しになっている。

　石室からは須恵器や鉄刀、金環など、朝鮮半島とのつながりをうかがわせる品々が出土したそうだが、横穴式石室墳の造りも新羅のものときわめて良く似ている。

　風に吹きさらされるのを承知の上で岬の上に墓を造った

のは、海の彼方の故郷を偲んでのことだと思われる。

岬の近くには間人皇后と聖徳太子の母子像がある。

この地が皇后の出身地であり、大和で政争が続く間、彼女は聖徳太子を連れて故郷に避難していた、という伝説に基づいて建てられたものだ。

この伝説には疑問の声もあるが、間人皇后が丹後や新羅と強いつながりを持っていたとすれば、後に聖徳太子が新羅の真平王と特別に親しい間柄となり、三百年ちかく続いていた新羅と倭国の戦争を終わらせるために尽力した理由も納得しやすい。

次に訪ねたのは、弥栄町溝谷にある溝谷神社。別名新羅大明神である。

溝谷川にかかる朱色の橋をわたってしばらく進むと、幅広い石段と鳥居がある。その先に長屋門のような表門がある。

昔はさぞ立派だったろうと思われる堂々たる造りだが、長い間風雨にさらされ、今にも朽ちはてそうである。

奥には広々とした境内が広がり、さらに石段を登った所に本殿がある。

御祭神は新羅大明神（須佐之男命）と奈具大明神（豊宇気能売命）で、新羅系の渡来人と深い関わりがあると言われているが、詳細については分からないことが多い。

「丹後の海岸ぞいに住み着いた人々は、やがて竹野川ぞいにさかのぼって内陸部に進み、天橋立のある阿蘇海のほとりまで勢力を拡大していきました」

溝谷にもそうした人々が住みついたために新羅大明神を祀る神社が創建されたのだろうと、三浦到さんが解説して下さった。

今なら海路をたどって丹後半島をまわり、宮津湾に入ることもできるが、古代の船では波が荒い経ヶ岬沖を通るのは難しかった。

竹野川をさかのぼる方が、はるかに安全だったのである。

彼らは丹波王国として一大勢力を築いたものの、やがて大和朝廷との融合をはかるようになった。天皇家と姻戚関係を結んだり、大和朝廷のシンボルともいうべき前方後円墳を受け容れたことは、前にも触れた通りである。

丹波道主命の娘である日葉酢媛が第十一代垂仁天皇の妃になったこともすでに紹介したが、驚いたことに日葉酢媛の御陵だと推定されている奈良市の佐紀陵山古墳と、丹後の網野銚子山古墳はまったく同じ形に造られている。

その事実をこの目で確かめようと、我々は網野町に向かった。

離湖と呼ばれる潟湖から南西へ一キロほどへだたった台地に古墳はあった。

古墳の西側には福田川が流れ、かつては浅茂川湖という潟湖が古墳の際まで迫り、水運の便に恵まれていたという。

台地にある古墳はうっそうとした雑木林におおわれ、遠くからは丘陵の一部のように見える。だが現場に立ってみると、前方部を北東に、後円部を南西に向けた三段構築の墳丘だということが分かる。

全長は百九十八メートルで、後円部の直径は百十五メートル、前方部の幅は八十メートル。日本海側では最大の前方後円墳で、墳丘の南東部分からは周濠の跡が確認されている。

四世紀後半に築かれたもので、当時は空濠が古墳のまわりに巡らされていたのだろう。

三段に築成された墳丘の表面は葺石でおおわれ、段ごとの平坦面や後円部の頂上には、二千個以上の円筒埴輪が立てられていた。

この巨大古墳の形が佐紀陵山古墳とまったく同じで、両者を中心線で両断して半分ずつ合わせてみると、寸分の狂いもなく一致するという（佐紀陵山古墳は全長207mで銚子山古墳よりも大きい）。

前方部の幅や後円部の直径ばかりか、墳丘の高さや三段になった平坦面の造りまでがまったく同じなのである。

「同じ設計図に基づいて造ったとしか思えませんね。それにしてもすごい技術だなあ」

同行の藤田達生教授が、墳丘をふり返って感慨深げに眺めておられた。

この古墳を造ったのは大和の者か丹後の者かという問題は未解決のままだが、まったく同じ形の古墳が同じ規格で造られていることは、丹後と大和の関係の深さを考古学の上からも証明する重要な手がかりだという。

また両者と同形の古墳が、神戸市の

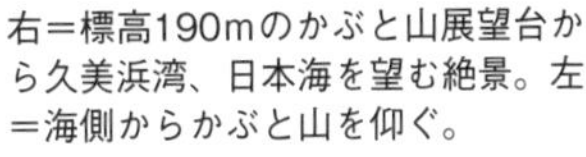

右＝標高190mのかぶと山展望台から久美浜湾、日本海を望む絶景。左＝海側からかぶと山を仰ぐ。

五色塚古墳や三重県伊賀市の御墓山古墳にも存在し、当時の大和朝廷の勢力範囲を示すものではないかと考えられている。

大和朝廷の政争への新たな視座

古墳に併設された二つの陪塚（小型の古墳）や浦嶋子の屋敷跡を見学した後、久美浜湾に面したかぶと山公園に行った。

　高さ百九十メートルのかぶと山からは、久美浜湾と日本海を一望することができる。日本海と湾内をへだてる砂州は、天橋立に似ていることから小天橋と呼ばれている。

幸いこの日は晴天で、真っ青に輝く日本海と、久美浜湾の汽水湖らしい淡い色あいを堪能することができた。

日本三景に勝るとも劣らない絶景である。

「我々は何度もここに来ていますが、こんなに美しく見える日はめったにありません」

三浦さんがあたりの景色をつぶさに説明してから、かぶと山の山頂にある熊野神社に案内して下さった。

この神社は日葉酢媛が垂仁天皇の妃になったことを祝って、父親の丹波道主命が熊野の神を勧請したものと伝えられている。

日葉酢媛は第十二代景行天皇や伊勢神宮の初代斎宮となった倭姫命を生んだのだから、外戚である彼の地位は盤石のものになったのである。

「熊野神社は出雲国の一の宮ですから、この神社はそちらから勧請されたと思われます。それは出雲と丹後の交流の深さを物語るものです。丹後はやがて大和に吸収されますが、それは丹後にいた豊受大神を伊勢神宮に移した時期と重なると考えています」

第二十一代雄略天皇の頃の話である。

天皇の夢枕に天照大神が現れ、豊受大神を自分の食事を司る御食神にするように告げた。天皇はこのお告げに従って豊受大神を丹後から伊勢神宮の外宮（げくう）に祀ったが、これが丹後併合の隠喩（いんゆ）だという。

一連の取材をしながら思ったのは、古代史における渡来人のルートは二つあったということである。

ひとつは北部九州に渡来して勢力を築き、神武（じんむ）天皇の東征という形で大和地方に政権を打ち立てた一団。もうひとつは丹後に上陸し、丹波（たにわ）王国を築いて畿内にまで勢力を伸ばしたものの、大和朝廷に吸収されていった一団。

後者の物語が天日鉾命（あめのひぼこのみこと）や籠（この）神社の祭神である彦火明命（ひこほあかりのみこと）など、天照大神とは別系統の神話として継承（けいしょう）されたのだろうが、影響はそれだけではなかったはずだ。

たとえば大和朝廷に内紛が続き、天皇家が断絶の危機にさらされた時、丹波王国や海人（あま）族とゆかりの深い越前から、第二十六代継体（けいたい）天皇が忽然（こつぜん）と現れるのは、旧勢力の復権だったかもしれない。

有史時代になってからも続く大和朝廷の血みどろの政争、たとえば大化改新や壬申（じんしん）の乱なども、水面下には両系統の争いがあるのではないか。そうした視点から飛鳥（あすか）、奈良時代をとらえれば、新たな発見も多い気がする。

旅の終わりに久美浜湾の外側にあたる葛野浜を訪ねた。

砂浜が続く美しい海岸だが、浜には対馬海流に乗ってきた漂着物が散乱していた。

「ここに打ち上げられる物を見れば、いかに朝鮮半島や中国大陸と密接につながっているかが分かります」

日本漂着物学会の会員でもある三浦さんが、率先して手本を見せてくださった。

すぐにハングルのラベルをはったコカコーラのボトルや、広東省仏山市のシリコンのボトル、浙江省温州市のウキ具などが見つかった。

ウキ具には「風順漁具」と記してある。順風を願う漁師たちの思いは、いずこの国も同じなのである。

「海流に乗ってこんなに多くのゴミが流れ着くのですから、太古の時代から船が漂着したこともうなずけます。彼らはここで生活の基盤を築き、山陰や九州の陸伝いに西へ向かう航法によって、故国へもどる海路を発見したのでしょう。そうして人の移住や交易が始まったのだと思います」

日本は世界有数の海洋国家だが、海流の働きまで視野に入れて歴史が語られることは少ない。それを痛感した一日だった。

第三章● 出雲国譲り編（島根半島）

出雲はヤマト朝廷に屈したのか？
国譲り神話と出雲巨大社殿造営の真相に迫る

荒神谷遺跡

受け継がれる国譲り神事
大国主と須佐之男集団
大和と出雲で分け合った
政治と神事

国譲りの里・美保神社

島根半島の東のはずれ、美保関に鎮座する美保神社には、大国主の国譲りにちなんだ二つの祭りが伝えられている。

四月七日の青柴垣神事と、十二月三日の諸手船神事である。

いずれも古式ゆかしい厳かな祭りだが、その詳細に入る前に、『古事記』の記述にもとづいて、国譲りはいかに行なわれたかを簡単にふり返っておきたい。

昔々、天上に住む天照大神は、地上の葦原の中国を見て「あれは我が御子が治めるべき国だ」とおおせになった。

ところがそこにはすでに大国主命が国を築いていたので、使者をつかわして国を譲るように申し入れることになされた。

ところが最初の使いも二度目の使いも、大国主と仲良くなって役目をはたさず復命もしない。そこで三度目に建御雷神を使者としてつかわすことになされた。

建御雷はさっそく大国主のもとを訪ね、国を譲り渡せと強硬に迫った。

その威を恐れた大国主は、「私には二人の息子がいます。一人は美保崎にいる事代主神、もう一人は建御名方神です。この二人が同意するなら、おおせに従いましょう」と言った。

この知らせを聞いた事代主は、「恐れ多いことです。この国は天津神の御子にさし上げましょう」と言い、乗ってきた船を踏んで傾け、天の逆手（※）を打って船を青柴垣に変えて隠れた。

これに反発した建御名方は、建御雷に力競べを挑むがあっけなく敗れ、信濃へ逃げた末に降伏する。

かくて大国主は国を譲ることにしたが、ひとつだけ条件をつける。自分の住居だけは、天津神の御子の住居のように宮柱を太く、千木を高くそびえさせてほしいというのである。

美保神社の二つの祭りは、この時の様子を伝えるものだが、それははたして古代史の真実をどれほど反映しているのだろうか。

氏子の組織に支えられた祭り

朝六時五十五分に羽田を飛び立った飛行機は、雲ひとつない青天の空を米子鬼太郎

（※）通常とは異なる柏手のことをいう。

0
10km
N
美保神社
客人社
美保関
境港市
日本海
島
中海
根
佐太神社
鹿島歴史民俗資料館
松江市
半
田和山遺跡
宍道湖
熊野大社
島
出雲大社
島根県立古代出雲歴史博物館
稲佐の浜
西谷墳墓群
雲南市
出雲市
出雲弥生の森博物館
須佐神社

空港に向かった。

長年の念願だった島根半島の取材が、ようやく実現したのである。

中でも美保神社の諸手船神事には特別の思いがあった。

この祭りと対をなす青柴垣神事を、昔一度見たことがあったからだ。

三十数年前、勤めていた役所を退職した時、西日本をバイクで一周することにした。

歴史小説を書くためには、自分の足で西日本を回り、気になる史跡をつぶさに見ておいたほうがいいと思ったのである。

中でも気になっていたのが、日本のピラミッドと言われる広島県庄原（しょうばら）市の葦嶽山（あしたけやま）と、国譲り当日の様子を再現したと言われる青柴垣神事だった。

四月七日の祭りに間に合うように、四月二日にフェリーで東京湾を出て、高知港まで海路をたどり、松山から瀬戸内海フェリーで広島へ。そして庄原市から美保関へ、中国山地を越えて行くことにした。

なぜこの二か所かと言えば、その頃日本の古代史に強い関心を持っていたからだ。

記紀神話から語られることが多い日本史だが、すでに一万年前には人々が集落を営み、さまざまな用途の土器を作っていたことが、近年の考古学の成果によって分かっている。

その頃から記紀神話が語る神武（じんむ）天皇の即位の年まで、およそ七千年の空白がある。

その間に、この国にはどのような歴史があったのか。それを知る手がかりが、超古代文明の遺跡と言われる葦嶽山と、大和（やまと）朝廷に屈服した側の歴史を伝える青柴垣神事だと思ったのである。

この神事は、国譲りを承諾した事代主が、乗ってきた船を青柴垣に変えて隠れ（入水し）、神として復活した場面を再現したものだ。

その前段として、大国主と建御雷が事代主のもとに使者をつかわし、国譲りの是非を問う場面がある。その日のことを再現した諸手船神事も、いつの日か見たいと思っていたが、ようやく夢がかなったのだった。

眼下に、雪をかぶった富士山がくっきりと見えた。

千曲川（ちくまがわ）の上に雲海がかかり、左右に連なる山脈の間を、一本の筋となって走っていた。

飛行機はいったん日本海の上空に出て、左に大きく旋回（せんかい）して米子鬼太郎空港に向かう。左手には雪をかぶった大山（だいせん）が飛び箱のような形にそびえている。

日本海と中海をへだてる弓ヶ浜半島が、その名の通り弓のような弧を描いて続いている。冬には珍しく日本海はべた凪で、朝日をあびて銀色に輝いていた。

出雲には国引き神話がある。

その昔、出雲が小さく未完成の国であることを嘆いた八束水臣津野命が、朝鮮半島と隠岐島、そして北陸の越の国から土地を引っ張り、島根半島を作ったというのである。

それはおそらくこの三か所から人々が移住してきたことを示しているのだろうが、その時につなぎ止めた杭が大山であり、綱として用いたのが弓ヶ浜半島だというのが面白い。

それは平地にいては決して浮かばない発想である。

おそらく物見や信仰のために大山に登った人々が、眼下の雄大な景色を眺めてこんな物語を夢想したのだろう。

朝鮮半島から日本に渡って来る時、大山が船を向ける際のランドマークとなっていた。大山が綱をつなぎ止める杭だと意識されたのは、こうしたことも起因しているに違いない。

一度はお参りしたい美保神社

空港には「美保の語り部の里」代表の三代暢實（みしろのぶみ）さんが車で迎えに来て下さった。

今度の取材を実現するために、大変なお骨折りをいただいた方である。

郷土史についても造詣（ぞうけい）が深く、語りたいことは山ほどお持ちだが、こちらの気持ちを忖度（そんたく）して案内役に徹しておられる。慎み深い出雲紳士である。

弓ヶ浜半島と島根半島の間にかかる橋を渡り、海ぞいの道を美保神社へ向かっていると、

「実はこの道は、私の祖父の頃に作ったものです。それまでは船で行き来していたのですが、やがて車社会になることを予見していたのでしょう」

そう教えて下さった。

つい五十年ほど前までは、船が庶民の足だった。そのことを頭に入れておかないと、神事の意味もつかめませんよ。そんなアドバイスのような気がした。

「こんなにおだやかで温かい日はめったにありません。毎年小雪の舞う中で水掛けをするので、迫力があるんですけどね」

美保神社本殿と拝殿。神話時代からの悠久の時を感じる。

美保神社の鳥居には紙垂（しで）のついた竹が立てられ、参道には屋台が建ち並び、紋付（もんつき）の裃（かみしも）を着た人々が準備のためにあわただしく行き交っていた。

　まわりをうっそうたる森に囲まれた境内に、美保神社は鎮座していた。

　奥の本殿は大社造（たいしゃづくり）を二棟並立したもので、事代主神と三穂津姫命（みほつひめのみこと）を祀（まつ）ってある。「美保造」とか「比翼（ひよく）大社造」と呼ばれる独特の形式で、凛（りん）としたたたずまいの中に女性的な品の良さをただよわせている。

その前に配した拝殿は、昭和三年（１９２８）に建築家で建築史学の大家でもある伊東忠太の設計によって造営されたものだ。

西洋建築の影響を受けた伊東らしく、丸柱はパルティノン神殿を思わせるエンタシスで、壁板を張っていないので空間的な広がりがある。

天井板もなく、床は石畳のせいか礼拝堂のように音響効果が良く、祝詞を奏する神職の声が朗々と響きわたる。

二柱の神。三穂津姫命は高天原から稲穂を持って地上に下り、大国主の后となった。事代主は神屋楯比売命と大国主の間に生まれた長男。天津神と国津神との融和を象徴する存在なのである。

手打ちのルーツとなった「相拍手」

午後一時、宮司や頭人、客人当などが、裃姿で大国主を祀る客人社に参向する。美しい石畳が続く青石畳通りを抜けて、港の東側の丘の上にある客人社に神饌をささげ、祝詞を奉し、二人の巫女が舞いを奉納する。

諸手船神事では、この客人社が大国主が住む出雲大社に、ふもとの海岸が国譲りの是非を問うための使者が船を出した杵築(きつき)の稲佐(いなさ)の浜に、そして美保神社が事代主の居所に見立てられているのである。

この神事の大きな特徴は、当屋制(とうやせい)という氏子(うじこ)の組織によって支えられていることだ。

「ここが当屋を務める人の家です」

三代さんが案内してくれた家には、黒地に白文字の幟(のぼり)が立てられ、まわりには注連縄(しめなわ)で結界(けっかい)が張られていた。

当屋とは神事の役を務める家のことで、「明神(みょうじん)さんの子孫」と呼ばれる氏子の中から選出され、役は六段階に分かれている。

一の当屋は三穂津姫に、二の当屋は事代主に仕える者。その役を務めた者の中から大国主に仕える客人当が選ばれ、客人当を終えて一年目が下席休番、二年目が上席休番となり、三年目に一年神主と呼ばれる頭人になる。

一の当屋から頭人まで、四年連続で役を務める人もいるわけだが、当屋になると一日も欠かさず潮かき（禊(みそぎ)）をして、毎日神社に参拝するという修行が課せられる。

これが頭人になるとさらに厳しくなる。

古式の則った神事が厳粛に催行される。

女性との交わりを断ち、死穢（しえ）などに触れず、鶏卵鶏肉を食べず、毎日潮かきをし、子（ね）の刻（深夜）参りを欠かしてはならない。

　まさに宮司と同等の潔斎（けっさい）ぶりで、昔は三穂津姫に仕えるのが宮司、事代主に仕えるのが頭人と決められていた。

　宮司は天津神の子孫である朝廷から任じられているが、国津神である事代主は氏子の中から選んだ頭人がお祀りする。そんな意地が国を譲った氏子たちの間に連綿と受け継がれ、厳しい修行に耐える動機になっていたようである。

　午後二時、神事はいよいよハイライトを迎えた。

国譲り神話を再現する神事は毎年12月3日に執り行なわれる。

宮司以下神職が昇殿し、開扉、奉幣（ほうへい）すると、裃（かみ）姿の世話人が小幣（こぬさ）をささげて上ノ神楽（かぐら）を納める。

そして諸手船二艘（そう）に分乗する真剣（まつか）持ち（大国主の使者役）二人、大櫂（おおかい）（建御雷の使者で舵（かじ）取り役）二人、大脇（おおわき）（大櫂の補佐役）二人、櫂子（かこ）（水夫）十二人、計十八人を決める。

櫂子はくじ引きで決められるが、はずれた者にも乗船の権利があるらしく、名前が読み上げられると同時に櫂子服の奪い合いが始まる。

これは大国主のために働きたいという氏子たちの熱意を示すパフォーマンスだろう。

やがて宮灘（みやなだ）（神前の海）から漕（こ）ぎ出した二艘は客人社のふもとの浜に行く。

前述したようにここは稲佐の浜に見立てられていて、大国主と建御雷の使者を乗せた船が事代主のもとに駆けつけた時の様子が、宮灘への三度の往復という形で再現される。

二艘の船を仕立てるのは、国譲りを迫った側と迫られた側が別々に使者を出した事実にもとづいていると思われる。

宮灘に着くたびに、二艘の乗員が「ヤアヤア」と声を上げて櫂で激しく海水をかけ合う場面が圧巻で、「水掛け祭」とか「ヤアヤア祭」と呼ばれる由縁（ゆえん）である。

到着した後、真剣持ち二人が競争して社頭に駆け上がり真剣を捧（ささ）げる。これは大国主の使者が事代主に国譲りを迫られていると伝えた場面である。

そして建御雷の使者役の大櫂が、宮灘に建てられた幄舎（あくしゃ）にいる事代主役の宮司に向かって、国譲りに応じるかどうか返答を迫る。

大櫂が「タカー三度、乗って参って候（そうろう）」と告げる。

これに対して宮司は「天地長久、国家安泰、タカー三度、めでとう候」と恭順の意を示し、双方で「相拍手」と呼ばれる拍手を打つ。

国譲りがめでたく成就したことを示すもので、これが今日の「手打ち」のルーツになったという。

須佐之男と大国主、神話の世界を体感する

諸手船神事において、国譲りが成就した場面で、双方とも「天の逆手」と呼ばれる相拍手を打ち合う。

これは呼吸の合った和譲の精神を表すもので、和解の時に手打ちをする伝統はここから始まった。和解することを「手打ちをする」と言うし、祭りや祝儀も「お手を拝借」でお開きになることが多い。

それは日本人の「和をもって貴しとなす」精神の源流となったもので、まことに結構なことだが、大国主命や事代主命は本当に納得して国を和譲したのだろうか。

そうではあるまいと思うのは、三十数年前に青柴垣神事を見た時、事代主命に扮した当屋神主たちが高天原に見立てた美保神社に入って行く姿が、葬送の列のように見えたことが鮮烈に印象に残っているからである。

（これは国譲りの無念と屈辱を忘れないための祭りだ）

そう直感したのだが、それがあながち間違っていないことは、出雲が国譲り以後二度も大和朝廷によって蹂躪されていることが示している。

一度目は崇神天皇の頃。
出雲臣の遠祖である出雲振根は、大和朝廷に神宝を献上した弟を殺した。

ところが他の弟たちが朝廷にこのことを訴え出たために、振根は吉備津彦、武渟川別の連合軍に討伐された。

二度目は景行天皇の頃。

倭建命は天皇に命じられて九州の熊曽建を討伐したが、その帰りに出雲建を肥河（斐伊川）に誘い出してだまし討ちしてしまう。

和譲がスムーズに行なわれたなら、こうした事件が起こるはずがない。出雲には国譲りの後も大和への抵抗運動が続いていたと見るべきだろう。

大和朝廷の成立以前に出雲で栄えた「葦原の中国」とは、いったいどんな国だったのだろうか。

大国主はなぜ須佐之男の娘を娶(めと)ったのか

出雲は神話の国、神話のふるさとである。

神無月(かんなづき)（旧暦十月）には日本中の神様が出雲に集まり、出雲だけが神在月(かみありづき)と呼んだ。いわば神々の里帰りともいうべき伝承が、このことをよく表している。

『古事記』や『日本書紀』の神話の中でも出雲系の神話が重要な位置を占めているし、『出雲国風土記(いずものくにふどき)』は地元の伝承に根ざした独自の神話を伝えている。

神々の系統は大変に複雑で、神の名がいくつもあったり、書物によって記述が違う。しかも神話と史実をどう結びつけるかという問題もあるので、体系的にこれを理解するのは至難の業(わざ)である。

そこで先輩諸氏の研究を道標(みちしるべ)とさせていただき、この暗く深い豊饒(ほうじょう)の森に分け入ってみることにしよう。

多くの論者が、神話に登場する神々は固有の存在というだけではなく、その神を信じた信仰集団のことでもあると指摘しておられる。

いくつも名前があるのは、同じ神でも地域によって呼び方が変わっていたからであり、時代の前後のつじつまが合わないのは、信仰集団が行なったことを神の名で記しているからだという。

　そして神＝信仰集団ととらえることで、神話と史実を結びつける視座が生まれてくるのである。

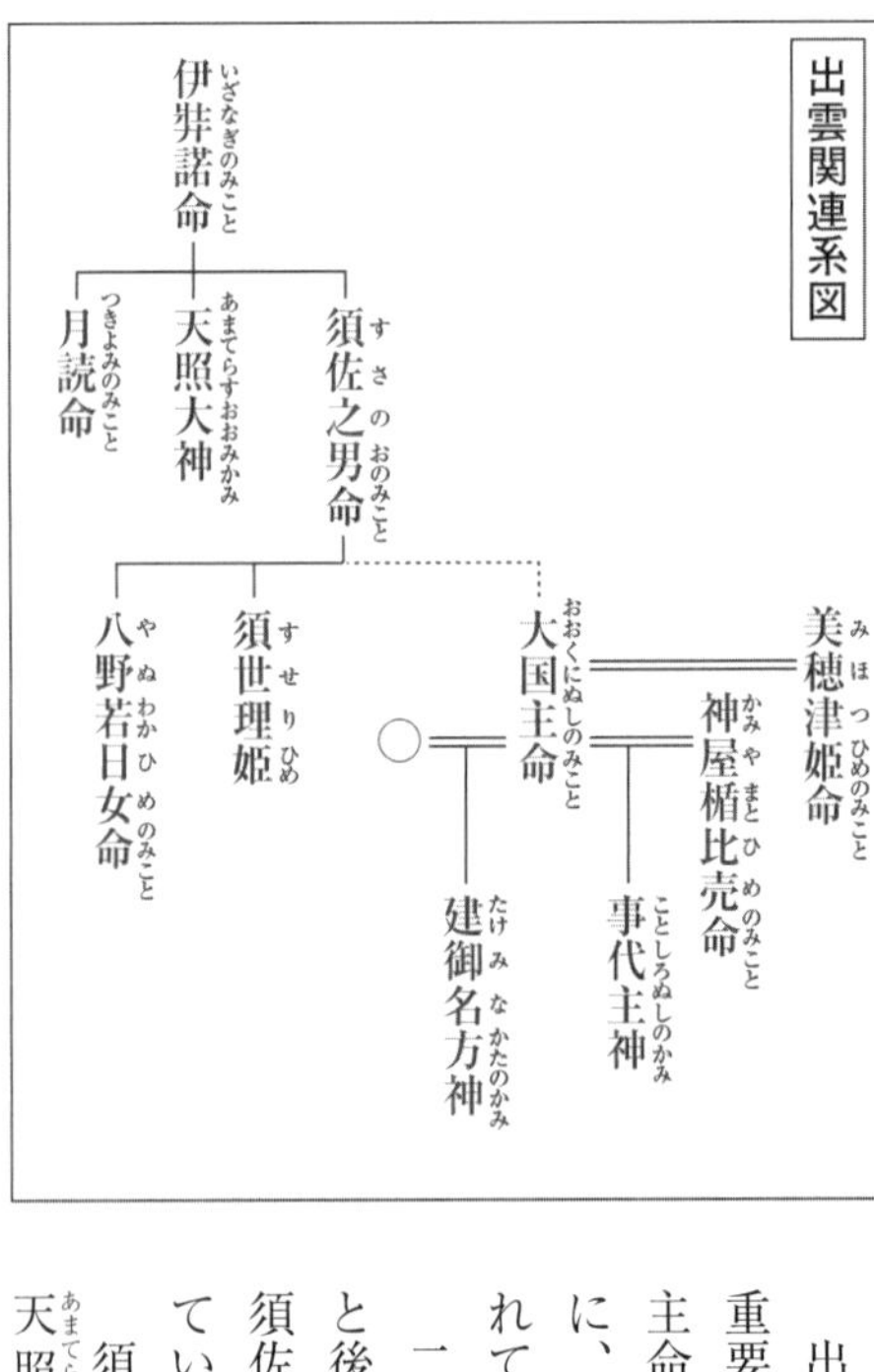

　出雲神話においてひときわ重要なのは須佐之男命（すさのおのみこと）と大国主命で、須佐之男は熊野（くまの）大社に、大国主は出雲大社に祀（まつ）られている。
　二人は国造りにおいて先輩と後輩の間柄だし、大国主は須佐之男の娘を二人も妻にしている。
　須佐之男はイザナギの子で、天照大神（あまてらすおおみかみ）や月読命（つくよみのみこと）と並んで

「三貴子」と呼ばれているが、生まれつきの乱暴者で、天照とたびたび対立する。

そこで二人は誓約をし、後に日本の神々の中心となる五男神と三女神を生み出すのである。

ところがその後須佐之男は「荒ぶる神」ゆえに高天原から追放され、出雲に降ってオロチ退治をして奇稲田姫と結ばれるものの、辛苦みつつ根の国、黄泉の国へ降って行く。

須佐之男がこうした扱いを受けたのは、もともと高天原の天津神ではなく、出雲国須佐（出雲市佐田町）に土着していた国津神で、「須佐の男」だったからだという説がある。

須佐之男は高天原から新羅国の曾尸茂梨（現在のソウル市あたり）に降り、出雲にやってきたと『日本書紀』は伝えている。

また須佐之男の一名は「布都斯御魂大神」と言うが、布都斯とはモンゴル系の名だという。

つまり須佐之男集団はモンゴルからソウルを経由して出雲に渡来し、須佐に土着して国を建てた。

そうして後に渡来してきた大国主集団と一体化して日本全国に勢力を拡大したが、新たに渡来してきた天照集団に服属せざるを得なくなった。

服属後は「三貴子」の一人に数えられる重要な役割をはたしたが、やがて使い捨てにされたと考えられる。

大国主の妻となった須世理姫

この役割とは何かを考える上で手がかりとなるのが、須佐之男が杉と樟（くすのき）を生み出して浮宝（うくたから）（船）としたという『日本書紀』の記述である。

あるいは須佐之男集団は、天照集団が渡来する際に船を提供したのかもしれない。

一方、大国主は「大物主（おおものぬし）」とも「大己貴（おおなむち）」とも「八千戈（やちほこ）」とも呼ばれ、その子は百八十一神もあったという。

広い国土を持ち、強大な軍事力をそなえていた集団の長（おさ）だったと思われる。

大国主は「天下を経営（つく）り、人民と家畜の病を療（おさ）める方法を定め、鳥獣、昆虫の災いを払う禁厭（まじなひ）の方法を定めた。これによって百姓（おおみたから）は今に至るまで恩恵に浴している」（『日本書記』）というから、医療や畜産、農業などの先進技術を我が国に伝えたわけである。

「因幡の素兎」の物語では、ワニをだましたために赤裸にされた兎に、大国主は蒲の穂にくるまるように教えるが、蒲の花の黄粉には止血の効果があるらしい。

大国主が漢方薬の知識を備えていたことが、こんなところにもさりげなく語られているのである。

大国主集団も島根半島西部や杵築湾に渡来し、先に国家を築いていた須佐之男集団と平和的に一体化し、「葦原の中国」と呼ばれる広大な国を作り上げたのではないか。

そのことを象徴しているのが、大国主が須佐之男が与える数々の試練を乗り越えた後に、娘の須世理姫を妻とし、大国主の称号を与えられたことだ。

『出雲国風土記』では須世理姫は神門郡の滑狭郷に住んでいたというし、もう一人の娘である八野若日女命は八野郷に住み、やがて大国主の妻になった。

このあたりが須佐之男集団の拠点であり、当時は神門水海という汽水湖に面していた。これは縄文海進によってできたもので、大国主集団の者たちはきっと船で通ったのだろう。

また八野郷の近くには古志郷があるが、これは日淵川を利用して池を築いた時、古志（越）の国からやってきて堤を造った人々が宿としていた所だという。

古志国と言えば国引き神話を思い出す。

出雲神話のもう一人の主要な神、八束水臣津野命が出雲の国は狭いので、新羅や隠岐、越国などから土地の余りを手繰り寄せた。

これは相互の交流や人の移動を表す寓話だろうと先に述べたが、そのひとつの証拠が『風土記』に明記されているのである。

また八束水臣津野は国引きをした後に、所造天下大神（大国主）の宮をお造り申し上げようと発議し、諸の神々が宮の場所に集まって築きなされた。だからこの地を杵築と名づけたと記されている。

これは杵築大社（出雲大社）のことで、『古事記』や『日本書紀』に国譲りの時に大社を造ったと記されているのは、この出来事を借用したのかもしれない。

奥出雲の神事は歴史のタイムカプセル

美保神社の諸手船神事に参加させていただいた翌日から、我々は神々ゆかりの神社をまわることにした。

友人でもある神社新報社の神保郁夫さんにも同行いただき、各神社との連絡や古いしきたりの説明をしてもらった。

また古代出雲史の研究家である川島芙美子さんには、『出雲国風土記』にもとづくさまざまな説をご教示いただいた。

最初に向かったのは、須佐之男を祀る熊野大社（松江市八雲町）である。意宇川の上流の山間の地に鎮座する神社は、火の発祥の地という意味で「日本火出初之社」とも呼ばれている。

「当社の神格は出雲大社より上です。それを示す神事があります」

宮司の熊野高裕さんはそう言って鑽火祭のことを話して下さった。

古来、出雲国造（出雲大社宮司）は代替わりの時に熊野大社に参拝し、神器のヒキリウス・ヒキリギネで神聖な火をキリ出して斎食を用意し、熊野大社の祭神である須佐之男と食事を共にした。

それによって聖なる力を身につけ、新しい国造としての資格を得たのである。

その習慣は毎年十月十五日に行なわれる鑽火祭に受け継がれ、出雲国造はその年に使うヒキリウス・ヒキリギネを戴きに来る。

そのお礼に長さ一メートルほどの細長い餅が献上されるが、熊野大社の社人の亀太夫が餅の出来ばえに文句をつける。

　餅の色が良くないとか、つき方が悪く粒が残っているとか、ヒビが入っているとか、毎年必ず文句を言い、出雲国造を恐れ入らせる。

　これを亀太夫神事と呼び、今も続けられているという。

「今は出雲の方が栄えているが、本当はうちの方が格上だということを、こうした形で示しているのでしょうな」

　宮司は屈託なく笑われたが、この神事は須佐之男が大国主の舅であり先にこの地を治めていたことに由来しているはずで、歴史のタイムカプセルのようなものである。

　次に宍道湖南岸の道を西にひた走り、神門川（現神戸川）をさかのぼって須佐神社に向かった。両側に山が迫り、道も川も曲がりくねって続いている。

「ここが朝山郷、大国主が真玉着玉之邑日女を娶り、毎朝通われたのでついた地名です」

　川島さんがそう教えて下さった。

　上流の吉栗山には檜や杉があり、出雲大社の遷宮の時はここから建材を切り出すという。

出雲国一宮でもある熊野大社

太くて立派なしめ縄が社格の高さを感じさせる。

須佐神社は山奥の小さな盆地にあった。

神門川の支流である須佐川（すさがわ）に面した所に神殿と境内がある。川ぞいに続く縦長の小じんまりとした敷地だが、神殿は気品に満ちた造りであり、背後には樹齢千三百年以上という杉の巨木がある。

須佐之男はここを住み処と定めて鎮座し、

大須佐田、小須佐田という田を開いたという。どうしてこんな辺鄙(へんぴ)なところにと思うが、須佐川からは砂鉄がとれた。

川に下りてみると川底の岩盤(がんばん)をくり抜いて溝を作ったような跡があった。上流から流れてきた砂鉄を採集する籠(かご)が、ここに取りつけられていたのかもしれない。

砂鉄は近くの波多小川(はたのおがわ)や飯石小川(いいしのおがわ)でもとれ、あたり一帯が巨大な鉄の産地になっていた。しかも水運の便にも恵まれているので、最新の製鉄技術を持って渡来してきた須佐之男集団にとって、絶好の居住地だった。

その伝統は「たたら製鉄」という形で、今も奥出雲地方に残っているのである。

我らは須佐から稲佐(いなさ)の浜に出た。

ここが大国主が国譲りを迫られた場所で、稲佐は否左、ＮｏかＹｅｓかという問いかけに由来するという。

ここから一キロほど東にある出雲大社には、須佐之男と大国主が仲良く並んで祀られているが、社殿の配置を見て深く納得したことがあった。

大国主が神事を担当

旧暦十月は神無月（かんなづき）という。すべての神様が出雲（いずも）に集合し、他の地では神が不在になるからだ。これは出雲大社の御師（おし）が全国に広めた俗解だという説もあるが、すでに平安時代からそう信じられていた。

一方、神々が集まる出雲では神在月（かみありづき）と呼んでいる。出雲大社では神々を迎えるための神在祭（かみありさい）を行ない、大社の境内には神々の宿舎となる十九社（じゅうくしゃ）が東西にひとつずつある。

こうした伝承や祭事も、大国主（おおくにぬし）の国譲りに由来する。天津神（あまつかみ）である高皇産霊尊（たかみむすびのみこと）は大国主に対して、「夫（そ）れ汝（なんじ）が治（し）らす顕露之事（あらわなること）、是（これ）吾（あ）が孫（みまご）治（し）らすべし。汝は以（も）ちて神事（かくれたること）を治（し）らすべし」と命じたと『日本書紀』に記されている。顕露なる事とは治政を意味していて、現代語に訳すれば、「今お前が治めている国の政治は、我が子孫が担当するべきである。よってお前は神事を担当せよ」ということになる。

いきなりやってきて、お前の国をよこせと言ったのだから乱暴な話だが、大国主に神事を担当せよと言ったところが興味深い。

これは大国主の神事に対する影響力が無視できないほど大きかったことを示していると同時に、政治と神事、陽と陰を大和と出雲で分け合うきっかけとなったからだ。

須佐神社横を流れる須佐川。川底の地層に注目。

国譲りと言えば天津神（渡来民族）による国津神（先住民族）の征服だというように受け取りがちだが、双方の役割分担を決めての「和譲」という面も確かにあった。

かくして神事（幽事）は大国主が担当しているので、全国の神々は神無月に出雲大社に集まって、一年

国譲りの舞台として知られる稲佐の浜。

間の神事について話し合うと信じられるようになった。

幽事というので男女の秘め事が連想され、縁結びの神様になり、多くの男女が良縁を求めて出雲大社に参拝している。

国譲りとは、遠い神話の中の出来事だと思いがちだが、我々日本人は今でもこの時に定められた状況を生きているのである。

古代に存在した高さ四十八ｍの巨大社殿

大国主が国譲りを迫られた稲佐(いなさ)の浜を見学した後、我々は出雲大社に参拝することにした。

大社の魅力のひとつは、松の古木が並木をなす参道をゆっくりと歩き、祓社(はらえのやしろ)や祓橋(はらえのはし)などを通って徐々に神々の世界に入っていく高揚感を味わうことにある。

だが今回は諸般(しょはん)の事情で神楽殿(かぐらでん)の近くの駐車場まで行き、銅の鳥居をくぐってお参りすることにした。

拝殿の軒下(のき)には長さ六・五メートル、重さ一トンの大注連縄(おおしめなわ)がかかげられている。

これは雲から降る慈雨と、豊作をもたらす稲妻を形象化したものだと聞いたことがあるが、一般の神社の注連縄とは縄のない始めの向きが逆になっている。

これも出雲が陰の世界を担当している象徴なのである。

本殿には八足門（やつあしもん）があり、門の前の石畳には柱三本を金輪（かなわ）で締めた断面図が描かれている。旧（ふる）い時代の大社の本殿はこの場所にあり、平成十二年の発掘調査によって、断面図に描かれたような大きな柱が三組も出現した。

「金輪で締めた柱の直径は、一番小さな側柱（わきばしら）でも一丈（3メートル）になります。これが出てきたことで、社殿の高さが十六丈（48メートル）あったという言い伝えが事実であったことが証明されたのです」

案内していただいた、川島芙美子さんが説明して下さった。

社殿はこうしたサイズの柱を縦横三本ずつ、九本並べて支えていた。中心に位置するのが心御柱（しんのみはしら）で、その前後の二本は宇豆柱（うずばしら）、残りの六本は側柱と呼ぶ。

十六丈とは現代の高層建築のような高さだが、大社には社殿の高さについて、上古（じょうこ）は三十二丈、中古は十六丈、その後は八丈だという社伝が残されていた。

これを裏づけるように、平安初期の天禄（てんろく）元年（970）に源 為憲（みなもとのためのり）があらわした『口遊（くちずさみ）』の中に、大きな建物は「雲太（うんた）、和二（わに）、京三（きょうさん）」という一節があった。

雲太とは出雲の杵築（出雲）大社、和二とは大和の東大寺大仏殿、京三とは京都の大極殿のことだ。雲太の太は太郎のことで、二は次郎、三は三郎、兄弟になぞらえて順位を表したのである。

ところが多くの研究者は、こうした伝承に疑問をとなえた。高さ十六丈もの社殿があったとは考えられないというのである。

大社の宮司である千家国造家には「金輪御造営差図」が保管してあり、三本の柱を金輪で締めた図が描かれていた。

そして側柱には「柱口一丈」と記されていたが、研究者の多くはこれは実際の柱ではなく神紋のようなものだろうと解釈していた。

「ところが実際に三本の柱を一本にして使った跡が発見されましたから、金輪御造営差図に書かれた長さ一町（約１０９メートル）の引橋も実現していたことが分かったのです」

現代の研究者の常識的な思考は、古代の人々の技術力や信仰心に及ばなかったわけだが、いったいなぜこれほど巨大な社殿が築かれたのだろうか。

その理由も大国主の国譲りにあると、『日本書紀』には記されている。

国を譲る条件として、大国主は「天の御子が住むのと同じくらい大きな宮に住まわせてほしい」と言った。

これに対して高皇産霊尊は、「汝が住むべき天日隅宮は、今し供造らむ。すなわち千尋の栲縄を以ちて、結びて百八十紐とし、その造宮の制は、柱は高く大く、板は広く厚くせむ」と請け負った。

栲縄とは楮の樹皮で作った縄のことで、その縄で建物をしっかりと結び合わせ、柱は高く太く、板は広く厚くして頑丈に造るというのである。

しかしこれは後づけの説明かもしれない。

前にも紹介したように、『出雲国風土記』には「八束水臣津野命が国引きをした後に、所造天下大神（大国主）の宮を造ろうと発議し、多くの神々が集まって築いた」という記述がある。

だから巨大な社殿は国譲りの以前からあり、それを見た大和朝廷の史家たちが、国譲りの対価としてこの宮を造営してやったというフィクションを、『日本書紀』の中に盛り込んだとも考えられるからだ。

大社のご好意により、我々は正式参拝をさせていただいた。

一般には入ることができない社殿に上がり、祝詞を奏していただきお祓いを受けることができた。

その後境内をひとまわりしたが、御本殿の威容は際立っている。

延享元年（1744）に建立されたもので、高さは八丈（24メートル）。檜皮葺の屋根の棟には長さ八・三メートルの二本の千木が交差している。

この千木は先端がとがるように縦に切ってある。これは男神を祀っている印で、女神である天照大神を祀る伊勢内宮は先端を水平に切っている。

また屋根に上げてある鰹木（勝男木）は出雲大社は奇数であり、伊勢内宮は偶数。鳥居も出雲大社は中央に額束と呼ぶ仕切りを立てた陰の形であり、伊勢内宮は額束のない陽の形である。

本殿は大社造という神社建築の最古の様式にのっとったものだが、中央の心御柱が他に比べてひときわ大きい。現在でも家の中心となる柱を大黒柱と呼ぶのは、大黒様（大国主命）を祀ったこの社の造り方に由来する。

それは心御柱がもともと神霊が憑依する神籬としての役割を担っていたからだが、伊勢神宮などではそれが次第に他の柱と同じ程度の大きさに変わっていった。

ところが出雲大社だけが巨大な心御柱を残したのは、大国主が神事の主宰神に任じられているからだと考えられている。

「和譲の精神」が戦禍を防いだ

出雲大社の最大の特徴は、祭神である大国主が西向きに鎮座していることだろう。

これは本殿内部のことなので、外から見ただけでは分からない。

「本殿には御神座（ごしんざ）がありますが、これが西向きになっていて、東に鎮座しておられる御客座五神と向き合う形になっています」

諸手船（もろたぶね）神事の日から同行していただいている三代暢實（みしろのぶみ）さんが教えて下さった。

普通、神様は南向きに祀られる。

大社の本殿も南向きに建てられているが、大国主の御神座だけが西向きなのである。

しかもその前には高御産巣日神（たかみむすびのかみ）（高皇産霊尊）をはじめとする天津神五神が鎮座している。

この理由については諸説がある。

このことについて第八十二代出雲国造（こくそう）の千家尊統（せんげたかむね）氏が『出雲大社』（学生社刊）の

中で列挙しておられるので、かいつまんで紹介したい。

大社は日本の西南を守護しているので、西からの外敵に備えている。

義父神である須佐之男の社が本殿の北側にあるので、背中を向けるわけにはいかない。

大国主は顕露なる事を皇孫に譲ったので、天皇のように南面はしない。

西の方が開けて景色がいいのでそちらを向いている。

原始住宅では一番奥が主人の居間で、囲炉裏の座席のひとつに横座があり、そこに座って客と対面していた。本殿の配置はこれにならったもので、主人である大国主は東の横座に座り、御客座五神と対面している。

等々である。

しかし千家氏は、こうした説だけではまだ弱く、御神座が西向きであるのは出雲族と西方九州方面との関係や、御祭神と海との関係を考慮に入れなければならないと説かれている。

大国主はもともと海の彼方の常世の国（黄泉の国）から憑りきたれる霊威だった。

常世とは霊魂の行くところであり、大国主の御神座が西を向いているのは、霊魂の故郷としての常世の国に相対しているからではないか。千家氏はそう考えておられるのである。

確かにどの説も一理あると思われるが、私には大国主が稲佐の浜から上陸してきた天津神たちに跪拝させられている姿に思えてならない。

諸手船神事や青柴垣神事は、国譲り当日の様子を伝えるタイムカプセルだと記したが、実は出雲大社の本殿の中にも、高皇産霊尊らに理不尽な要求を突きつけられ、涙を呑んで従う大国主の姿が、永遠に刻印されているのではないか。

しかしそれは一方的な敗北ではない。

大国主はこの和譲によって我が国の神事を司る役目を与えられたし、耐え難きを耐えて平和を守ったことで、葦原の中国が戦渦に巻き込まれることを防いだ。

それは武力に対する平和主義の勝利。荒御魂に対する和御魂の勝利。征服に対する和譲の勝利と言えるだろう。

その結果として大国主が黄泉の国に行かざるを得なかったとしても、国民の心の中にそうした高貴な生き方があることを鮮明に刻み込んだ。

だとするなら、国譲りは敗北どころか魂の勝利である。だから高皇産霊尊も、神事

（魂の問題）は大国主に任せたのではないか。

その日の様子を永遠にとどめた大社の本殿は、天津神にとっては顕露なる事（治政）での勝利、大国主にとっては神事（魂）での勝利の記念碑（モニユメント）と言えるかもしれない。

そして魂の問題こそが何よりも大切だと考える人々が出雲や出雲大社を訪ね、そこを包む空気の優しさと悠久の時間に触れ、深くいやされるのである。

インドのマハトマ・ガンジーは非暴力、不服従運動を展開することで、強大なイギリスから武力を用いることなく独立をはたした。

大国主はそうした思想と行動の先駆者だととらえるなら、今日的意義はますます大きくなると思うのである。

墳墓は語る

神話の時代から古代史へ。時間はゆっくりと流れている。

それを要約すれば次の通りである。

紀元前一万年、氷河が溶けて海面が上昇。古宍道湾（こしんじわん）が出現し、沿岸に縄文人が住むようになる。

紀元前六千年、縄文海進がピークに達し、古宍道湾、古中海湾が最大の大きさとなる。沿岸に集落ができ、狩猟、漁労が活発になる。

紀元前二千年、三瓶山が大爆発。縄文人の村は大きな被害を受ける。灰や火砕流は神戸川などを通って古宍道湾西部に流れ込み、出雲平野の骨格が出来上がる。

紀元前四百年、九州北部から日本海沿岸ルートと中国山地のルートを通って弥生人が進出、稲作農業を伝える。稲作を行なうためには河川の管理が不可欠である。須佐之男が八岐大蛇を退治したという神話は、いくつにも分かれて流れていた斐伊川などを治水したことに由来するという。

紀元前二百年、各地の平野や盆地で人口が増大。集落がまとまって村落集団を作り、「クニ」を形成する。銅鐸や銅剣などの青銅器が畿内や北部九州から伝わり、これらを用いた祭祀が行なわれるようになる。田和山遺跡（松江市）はこの頃のもの。

紀元百年（2世紀）、主要な河川の下流域に広がる平野ごとに形成された「クニ」の首長が、大型の四隅突出型墳丘墓に葬られるようになる。吉備（岡山県）や北陸との交流、交易も行なわれる。西谷墳墓群（出雲市）の三号墓はこの頃に築かれたものだ。

　紀元三百年（4世紀）、四隅突出型墳丘墓が姿を消し、古墳の築造が始まる。大型の方墳や前方後方墳、前方後円墳が造られるようになる。史家の多くは、この頃に出雲が大和朝廷の支配下に組み込まれたと考えている。

　紀元六百年頃（7世紀）、古墳も姿を消し、寺院建立の時代が始まる。大和朝廷のもとで出雲国が統一されたのはこの頃だ。

「文字のない時代に硯があった」の謎

　我々はまず田和山遺跡を訪ねた。

　松江市南部、宍道湖の湖畔の平野部に位置する独立丘陵に築かれたもので、平成十年（一九九八）に発見された。

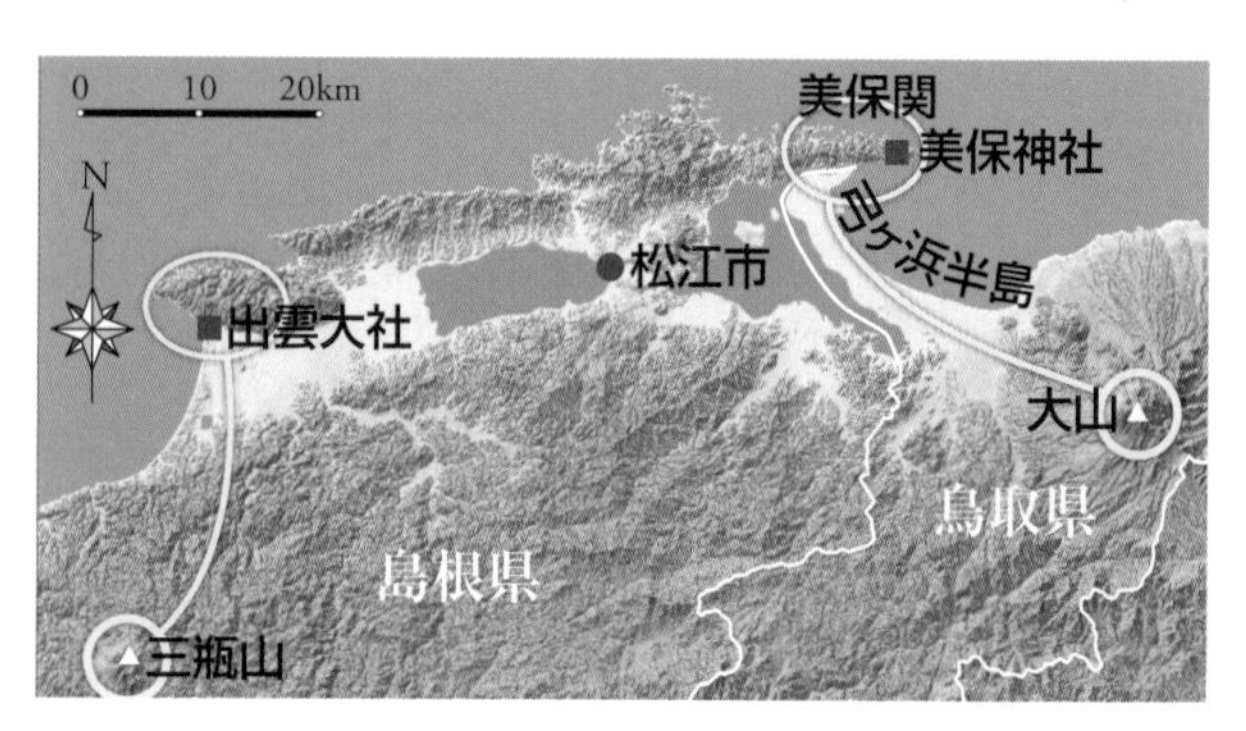

田和山遺跡山頂部に復元された9本柱遺構。

東西の幅が五十メートルほどの小さな丘だが、斜面はかなり険しく、同心円状のV字形の溝三条を配した環壕（かんごう）型になっている。

山頂部は東西十四メートル、南北三十メートルの広さしかないが、九本の柱を田の字状に配した建物跡や、物見櫓（ものみやぐら）とみられる建物跡があり、環壕の外側には竪穴式（たてあなしき）や掘立柱（ほったてばしら）式（しき）の建物跡が数多くあった。

あたりは遺跡公園として整備され、急な斜面には階段をつけて山頂まで行けるようにしてある。その途中に建物を復元してあるが、風雨にさらされてかなり傷んでいた。

「この遺跡は松江市立病院が建てられる時、壊されそうになりました。平成十一年（1999）のことです」

案内役を務めてくれた川島芙美子さんが、歩きながら説明してくれた。

なるほど、すぐ東側には病院の高い棟が立っている。

「私たちはこんな貴重な遺跡を壊してはならないと考え、有志をつのって保存運動をすることにしました」

何からどう手をつけていいかわからない。そこで川島さんたちは、ここが祭祀遺跡だと考えられていることにちなんでお祭りをすることにした。

すると無関心だと思っていた人たちが、五百人近くも集まった。

それに力を得て、遺跡の重要性を伝えるための講演会を開いた。それを繰り返すうちに共感の輪が広がり、ついに行政側も保存に踏みきることにしたという。

その見識と情熱、行動力には敬服するばかりだが、川島さんは、

「我々の力ではありません。お山が持っている力が皆さんの心を動かしてくれたのです」

まるで巫女（みこ）のようなことを事もなげにおっしゃる。

お言葉の通り、田和山遺跡は古代の貴重な情報をいくつも伝えてくれる。

環壕集落は中国から朝鮮半島を経て日本に伝わったもので、稲作の発生とともに富の蓄積が起こり、それを奪おうとする者たちに備えて防備用の壕（ほり）が掘られるようになった。

この遺跡は出雲でも同じことが起こったことを証している。

また、山頂の九本柱は、祭祀のための高床式（たかゆかしき）建物の跡だろうと考えられている。

これは青森市の三内丸山（さんないまるやま）遺跡の巨大な建物を連想させるが、やがてこれが出雲大社の高層建築につながり、ひいては日本の神社建築の源流となった可能性があるという。

遺跡からは、硯（すずり）の破片二点も発見された。

後漢（ごかん）の頃に朝鮮半島にあった楽浪郡（らくろうぐん）（現在の平壌（ピョンヤン）あたり）の遺跡で出土した硯と同じものだという。

これは古代に出雲と朝鮮半島の交流、交易があったことを示すだけでなく、この時代にすでに硯を使い墨をすって文字を書いていた可能性があることを示唆（しさ）している。

交易が行なわれれば、取り引きの契約や結果を記録する必要が生じてくる。

それゆえ最初は楽浪郡の書記官のような立場の人が渡来し、硯や筆を用いて出雲の人々に読み書きや計算を教えていたのではないかと考えられるのである。

次に松江市鹿島町に鎮座する佐太神社を訪ねた。島根半島の中央に位置するこの土地は、国引きによって隠岐の島からたぐり寄せられたもので、狭田の国と呼ばれていたと『出雲国風土記』は伝えている。

日本海に面した良港である恵曇浜を持ち、宍道湖とは佐陀川によってつながっている。

この川は松江藩主松平治郷（不昧）が、宍道湖の洪水防止と日本海との舟運を確保するために天明七年（１７８７）に開削させたものだが、古代にも多久川を源流として佐太水海に流れ込

田和山遺跡から出土した硯片。

む佐太川があった。

また恵曇浜の東には恵曇陂と呼ばれる湖があり、佐太川の水運とつながることができた。そのために日本海と宍道湖を結ぶ流通の要地として古代から栄えたのである。

その中心地にある佐太神社は、佐太大神（佐太御子大神）とイザナギ神、イザナミ神などを祀ったもので、出雲国二の宮と仰がれている。

佐陀川の支流に面した境内には、広々とした石段と神門があり、その奥に大社造の正中殿、北殿、南殿が並んでいる。

平成二十八年（２０１６）九月に平成の大修復を終えたばかりで、檜皮葺の屋根は葺き替えられ、千木、鰹木なども修復されているので、創建当時を思わせるおごそかな雰囲気がただよっていた。

佐太大神の社はもともと神名火山（朝日山）のふもとにあったが、この地に移したという。

また、比婆山にあったイザナミの神陵を移したとも言われ、旧暦十月には母神であるイザナミを偲んで八百万の神々がこの地に集まるので、「神在の社」と呼ばれている。

出雲大社の神在月とは少し違った伝承だが、この時期に対馬海流に乗って流れつく南海産のウミヘビを、神々の案内役である「竜蛇さん」として大切に取り扱う風習は共通している。

佐太神社には毎年九月に行なわれる「御座替祭」に奉納される「佐陀神能」が伝わっている。古い能楽の形をもっとも良くとどめていると言われるもので、ユネスコの無形文化遺産リストにも登録されている。

同じく「御座替祭」で奉納される神事舞は、出雲神楽の源流という説もある。

神事と芸能が深く結びついた古代の形を継承しているのも、神々ゆかりの出雲ならではのことだ。

出雲で独自に発展した墳丘墓

次に出雲市大津町にある西谷墳墓群を訪ねた。

斐伊川の西の丘陵に二十七基もの墳墓が築かれている。

そのうち六基は四隅突出型墳丘墓と呼ばれる奇妙な形をしているが、中でも三号墓、九号墓の大きさは際立っている。

史跡公園になった広大な敷地を、出雲弥生の森博物館の花谷浩館長に案内していただいた。

最初に聞かれたのは、時間はどれほどあるかということだった。それによって説明の密度も、案内できる場所も限られてくる。

できればゆっくりと話を聞かせていただきたいところだが、すでに日は暮れかかり、すぐ側の出雲商業高校グラウンドからは、野球部の掛け声や打球音がしきりに聞こえてくる。あと一時間ほどしかないと言うと、発掘を終え復元された三号墓に案内していただいた。

四隅が突き出した長方形の墓で、東西四十メートル、南北三十メートル、高さは四メートル。突出部まで含めると東西の長さは五十メートルにもなる。

しかも墳丘の斜面と周縁部には美しく貼石がされている。これは太陽を浴びて光り輝くように意図したものだ。

墓の上の平坦面には、長方形の大きな墓穴が二つあり、どちらにも二重構造になった棺が納められていたという。

「これほど大きな墓が古墳時代以前に造られた例は、全国でもあまりありません。特徴的なのは、墓穴のまわりに四本の大きな柱を立て、埋葬した棺の真上に朱で塗った

西谷墳墓群にある出雲特有の四隅突出型古墳。

丸石を置いてあったことです」

しかも丸石のまわりからは多数の土器が出てきた。二つの墓穴の分を合わせると、その数は三百個にもなるという。

これは他界した王の霊が丸石に宿ると信じていた人々が、王を送り霊力を引き継ぐことを目的として、みんなで飲食していたことを示している。

神々は巨木を憑代（よりしろ）として降りてくるというが、死者の霊もこの柱を伝って天に帰ると信じられていたのだろう。

もしそうだとするなら、田

和山遺跡にあった九本の柱も、神々や死者の霊と通じるアンテナのようなもので、この墓もそうした祭祀の伝統を受け継いでいると考えることができるかもしれない。

「出土した土器の三分の一は、吉備や北陸系のものでした。この墓に王を埋葬する時に、そうした国々の人々が供養に来ていたことを示すものです」

それは吉備や北陸の国と交流、交易が行なわれていたことを証明している。

ちょうど『魏志倭人伝』に倭国が乱れると記された二世紀後半のことで、出雲は両地域と同盟することで大和を中心にした国々と対抗していたのだろう。

また四隅突出型墳丘墓は隠岐にもあることを考えれば、島根半島が狭いので隠岐や北陸から余った土地を引っ張ってきたという国引き神話は、それらの国々と同盟したことを示しているのかもしれない。

四隅突出型墳丘墓は紀元三百年頃に姿を消し、古墳の築造が始まる。

これは出雲が大和朝廷に服属した証だと考えられているが、必ずしもそうではなく、出雲に方墳や前方後方墳が多いのは、四隅突出型の伝統を受け継いでいるからだという主張もある。

出雲の抵抗は、心の奥深いところで続いていたのかもしれない。

田和山遺跡にて。左から２番目が筆者。

第四章●宇佐八幡と対隼人戦争編（国東半島）

わが国屈指の歴史遺産の宝庫。八幡神のふるさとは対隼人の最前線だった。

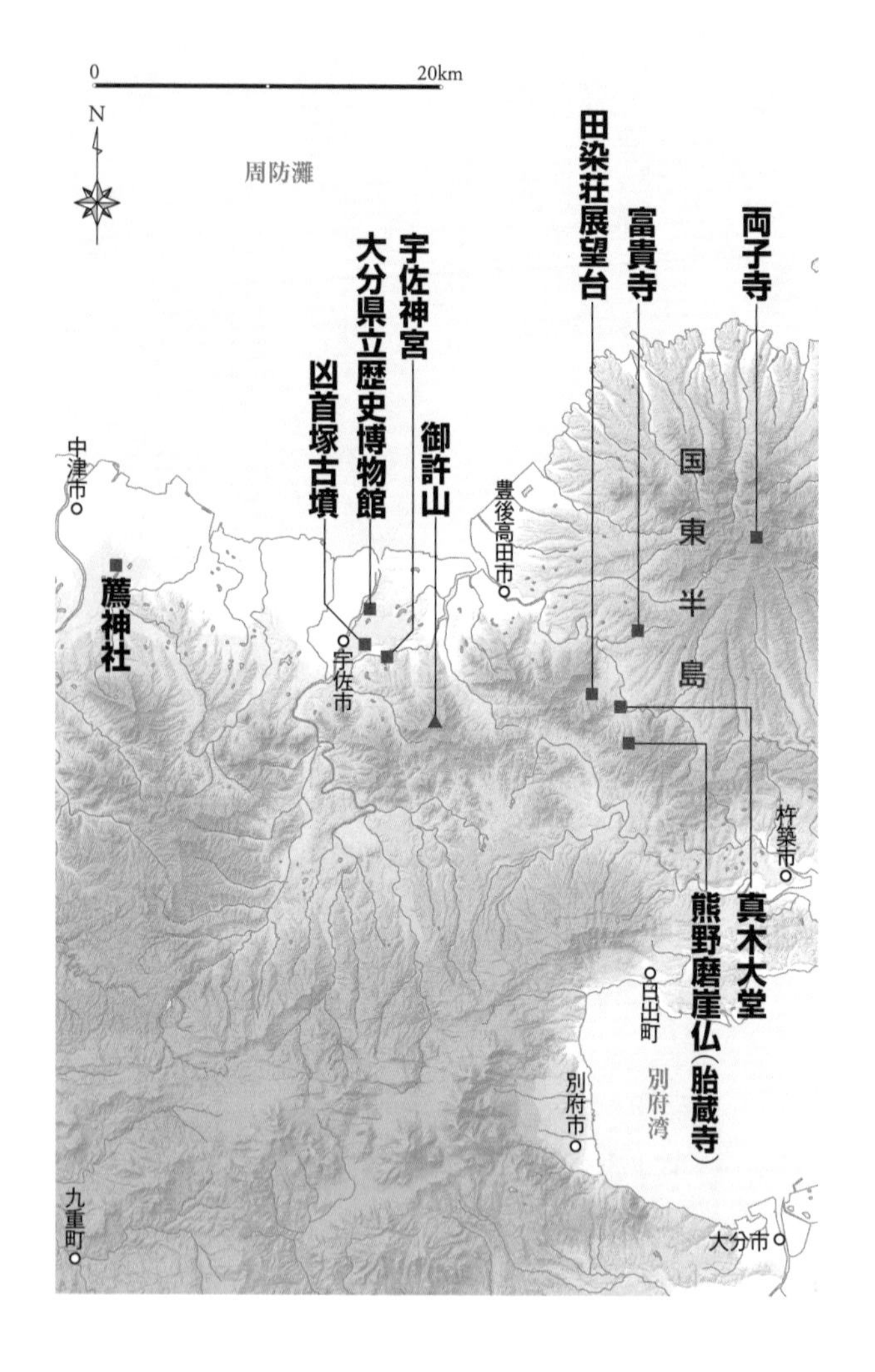
0
20km
N
周防灘
田染荘展望台
富貴寺
両子寺
宇佐神宮
大分県立歴史博物館
凶首塚古墳
御許山
中津市
豊後高田市
国東半島
薦神社
宇佐市
杵築市
真木大堂
熊野磨崖仏(胎蔵寺)
日出町
別府市
別府湾
九重町
大分市

八幡神のルーツは国東半島

半島は陸のどん詰まりである一方、海からの入口でもある。

そこは海外からこの国に渡来してきた人々が上陸後、第一歩を踏み出した土地でもあるし、海運や水運の中心地だった場所でもある。

しかも幸か不幸か、陸路や鉄道が主流となった近代以後は発展から取り残されたために、古き良きものが昔のままの姿をとどめていることが多い。

明治維新以後「脱亜入欧」が目標とされ、太平洋戦争に敗北して以後はアメリカ主導の教育が行なわれたために、日本古来の信仰や精神は二重にも三重にも屈折させられている。

そのため現代を生きる我々は自己同一性（アイデンティティ）を見失い、一時は「日本人は無宗教だ」という論がなされるようになった。

しかしそれが間違いであることは、各地で連綿（れんめん）と続いている祭りや神事、仏事が証明している。我々は自己同一性を見失っただけで、決して失ったわけではないのである。

今回取材地に選んだのは、八幡大菩薩発祥の地宇佐神宮（八幡宮）や、平成三十年に開山千三百年を迎えた六郷満山を擁する、大分県の国東半島である。

その地で何と出会い、何が見えてくるのか。我々は勇んで旅に出たのだった。

八幡神の根拠地に残る、神宿る池

羽田空港午前八時発の便に乗って大分空港に着くと、三重大学の藤田達生先生と大分合同新聞の下川宏樹さんたちが待っていてくれた。

大友宗麟を主人公にした『宗麟の海』という小説を、一年間同紙に連載させていただいたので、今回の取材にも同行してくれるという。

また宗麟の取材でお世話になった大友家顕彰会の牧達夫会長も、参加して下さった。郷土史ばかりか地元の政治、経済にも精通した方である。

「まるでシルクロード取材班のようですね」

藤田先生は少々戸惑っておられたが、にぎやかな旅になりそうだった。

空港から一路中津市へ向かった。

まず薦神社を訪ね、古代の勅使道を宇佐神宮までたどり、時間があれば八幡神降臨の地である御許山に登るのがこの日の行動予定だった。

薦神社では別府大学の飯沼賢司先生と、中津市教育委員会の高崎章子さんが待っていて下さり、キャラバンはさらに大きくなった。

飯沼先生は環境歴史学や豊前、豊後の歴史に造詣が深く、『八幡神とはなにか』（角川ソフィア文庫）という好著も上梓しておられる。

また戦国時代の鉛の流通や輸入についても新知見を開かれ、その一端を『大航海時代の日本と金属交易』（思文閣出版）にまとめられた大家だが、ソフトな風貌の気さくでおだやかな方だった。

「この神社は大貞八幡宮とも言います。大貞の地名は、大宇佐田が変じたものと思われます」

つまりこの地が、宇佐神宮を造った人々の根拠地だったということだろう。

それを証すように、近くには奈良時代の条里制の跡をとどめた水田があるし、薦神社の内宮とされる三角池（御澄池）も、灌漑用に川を堰き止めて造ったものだったのである。

飯沼先生に案内されて、うっそうたる木々におおわれた境内に入った。

薦神社三角池。池そのものがご神体である。

奈良時代の条里制水田の区画が残る一角。

薦神社呉橋。かつては勅使が渡った。

薦神社神門。江戸初期に細川忠興が造営した。

まず目についたのは、神殿に並ぶようにおかれた屋根つきの呉橋だった。もともと神門の前にあったものだが、神社を改修した時にこちらに移されたという。

神門は見事なものだった。

朱塗りの二階建ての楼門で、棟の高さが十一・八メートル。これに対して幅は五メートルしかないので、天に屹立したような迫力と存在感がある。

その大きさをさらに際立たせるように、門の入口には裳階と呼ばれる小さな屋根をつけて三重に見えるようにしてある。

この門は江戸初期に細川忠興の寄進によって築かれたもので、裳階が建物の前後につくのは全国でも稀だという。

客殿で神社の由緒を描いた『薦社絵縁起』を見せていただいてから、神社の横にある三角池を訪ねた。

池は南にそびえる八面山の伏流水が三本の沢となって涌き出したもので、北側に築いた土手によって堤となっている。

三角の名前は三つの沢が鹿の角の形に似ているからだというが、真薦が自生するような澄みきった池なので御澄池と呼んだのが先だと思われる。

この真薦で作った枕を宇佐八幡神の御験（ご神体）としたことからも、この地と宇佐神宮の密接な関係がうかがえるが、薦社が成立する以前に八面山と三角池に対する信仰がすでにあった。

古代に中津平野で農耕を営んでいた人々は、遠くにのぞむ八面山の磐座（巨石）に豊作をもたらす神が降りると信じていた。

その神を人里の近くに迎えるための祭祀の場（里宮）として三角池があり、さらに田んぼに迎えるために田宮や野宮があった。

八面山の伏流水に神が宿っていると考えていたし、その水が稲作には欠かせないのだから、三角池を神そのものとして祀るのは自然の成り行きだったのだろう。

また池のまわりは深い森におおわれ、「霊木森然として首を入る能はず。薬草幽深として、歩を運ぶべからず」（『八幡宇佐宮御託宣集』）という状態だった。

池の守り神に奉仕する者が神官としてこの地に住みつき、宇佐池守という名を代々引きついで三百年にも及んでいた。

この池守と宇佐宮の神官大神諸男が出会った時から、八幡神の物語が始まるのである。

三角池には鳥居が立てられ、神宿る場としての厳粛さを今も保っている。はるか彼方には八面山が台形状の山容でそびえ、池の岸には真薦が青々と生い茂っている。あの山の神がここに降りてきていることを視覚的に示す厳かな景色で、鳥居の向こうに夕陽が沈む時はひときわ美しいという。

宇佐は隼人との戦いの最前線だった

薦神社の北側には古代の官道（国道10号線）が走っている。

中津市から宇佐神宮の参道まで続く真っ直ぐな道で、奈良時代以来、都から派遣された勅使がこの道を通って宇佐神宮に参拝した。

我々もこの道を通って宇佐神宮に向かったが、その車中で飯沼先生のレクチャーを受けた。話のきっかけは、安心院という珍しい地名の由来をたずねたことだった。

「院というのは古代の倉のことです。奈良時代に南九州の隼人を征伐するために、豊前が前線基地になりました。遠征軍のための兵糧をたくわえた場所に院の地名がついたのです」

だから他にも湯布院などの地名があるし、主戦場であった鹿児島県には伊集院や入来院など、院のつく地名が多いのだという。

「それに八幡神という神さまも、隼人討伐のために大和朝廷によって作り出されたものなのです」

そのいきさつを知る上で重要なのが、宇佐の立地の特殊性である。

九州に遠征された景行天皇は、佐婆津（山口県防府市）から国東半島をご覧になり、「あそこに見えるのは国の埼か」とたずねられた。

国の埼とは支配領域の先端、今で言えば国境ということである。

この時期の九州には大和朝廷の権力が及ばず、筑紫の磐井や肥後の熊襲、薩摩の隼人などが独自の勢力圏を築いていた。

だが豊前だけは、瀬戸内海で畿内と直接結ばれていることもあり、三世紀末から四世紀初頭には大和朝廷の勢力圏に組み込まれていた。

その精神的な支柱というべき地位を、宇佐神宮と薦神社が占めていたのである。

そこで大和朝廷はこの二社の力を隼人征伐に活かそうと、八幡神伝説を作り上げた。

初め鷹として現れた八幡神を、大神比義と辛島勝乙目が駅館川のほとりに鷹居社（日本初の八幡社）を造って鎮座させた。

時あたかも平城京に遷都が行なわれた和銅三年（７１０）である。この八年前には隼人の反乱が起こり、大和朝廷はさまざまの対抗策を講じる必要に迫られた。和銅六年（７１３）には日向国から四郡を割いて大隅国を創設し、翌年にはその地に豊前国から二百戸の入植民を送り込んだ。

これが隼人との対立を激化させ、養老三年（７１９）に大隅隼人の反乱を引き起こすことになる。大和朝廷はこうなることを予測し、隼人征伐に人々を動員するための神として八幡神を作り上げていたのである。

それゆえ対応は迅速だった。

隼人に攻撃された大隅国の辛国城を救援するために、豊前国司宇奴男人が軍勢をひきいて辛国城に向かったが、この時宇佐宮の神官大神諸男が作り出した薦枕をご神体として神輿に乗せ、禰宜である辛島勝波豆米が御杖人として先導したのである。

諸男が薦枕を作るにあたっては、宇佐池守という三百歳になる老人が、三角池の霊験を伝える役割をはたす。

それを聞いた諸男が一心に祈ると、「我れ昔この薦を枕となし、百王守護の誓を発しき。百王守護するは、凶賊を降伏すべきなり」という八幡神の託宣が聞こえた。

そして辛国城での戦いの時、八幡神は八流の幡となって天降り、「我は日本の神と成れり」と告げたと『託宣集』に記されている。

辛国城とは韓国城のことで、朝鮮半島からの渡来人を多く入植させたためにつけられた名前である。それゆえ八幡社はもともと朝鮮半島の神で、渡来人によって信奉されていたのではないかという説もあるという。

車は駅館川をこえ、宇佐神宮の西参道に向かっていく。

その途中に討ち取った隼人の首をさらした凶首塚があり、千三百年前の惨劇を今に伝えていた。

東大寺大仏造営と八幡大菩薩

宇佐八幡宮に祀られている八幡神が、隼人（古代に九州南部＝日向、大隅、薩摩に住んでいた人々）を討伐するための神として創出されたことはすでに見た。

養老三年（719）のことである。

それ以後、八幡神は二度も歴史の表舞台に現れて大活躍をする。

最初は天平勝宝元年（749）十二月、聖武太上天皇が東大寺の大仏（盧舎那

宇佐軍が日向、大隅両国の隼人の首を葬ったとされる凶首塚古墳。

仏(ぶつ))の完成を祝った時、八幡神は紫色の輿(こし)に乗った禰宜尼(ねぎに)大神社女(おおみわのもりめ)に依(よ)りついて東大寺を礼拝した。

これは聖武天皇が大仏の造営を祈願された時、八幡神から「神である私が日本の天神(あまつかみ)、地祇(くにつかみ)を率い誘いて必ず成し遂げましょう」と神託があり、お陰で無事に大仏が完成した。そのお礼に八幡神を招かれたのである。

宇佐から大和までの行程は約1か月

路次の国ごとに兵士百人を出し、前後の警固にあたるばかりでなく、沿道の国々では殺生や肉食、飲酒が禁じられたという。

しかも八幡大神には一品、比売大神には二品という最高位が与えられたのである。

二度目は史上に名高い道鏡事件の時である。

称徳天皇（前の孝謙天皇、聖武の娘）は仏教政治の理想を実現するために、「道鏡をして皇位に即かしめば、天下太平ならむ」という八幡神の神託があったことを理由に、僧道鏡を皇位につけようとなされた。

そしてこの神託に間違いないことを確かめさせるために、和気清麻呂を宇佐につかわされた。そこで清麻呂は、女禰宜の辛島勝与曾女にもう一度神託を下してもらった。

すると「天の日嗣は必ず皇儲を立てよ、無道の人は早に掃い除くべし」という神託があり、これを天皇のもとに持ち帰ったのである。

なぜ九州に鎮座する宇佐八幡宮に大和朝廷の皇位継承に関わるほどの力があったのか。その謎を解く鍵は、早くから八幡宮で進められた神仏習合にあった。

取材二日目、我らの引率をつとめて下さる飯沼賢司先生が、

「まずは虚空蔵寺の跡を見に行きましょう。ここは神仏習合のひとつの原点ですから」

そう言って宇佐神宮から南西に四キロほど離れた寺の跡地に案内して下さった。

牧草地のように草が生い茂る野原に、本堂の礎石や三重塔の基壇が残っている。

この寺は八世紀の初めに仏僧法蓮が建てたもので、法隆寺式の伽藍を持つ飛鳥の寺院と直結した様式を持っていた。

「この寺には法隆寺と同様の軒平瓦や軒丸瓦が使われていたことが分かっています。また飛鳥の周辺でしか発見されない塼仏（仏像を鋳出した瓦質の焼物）が、百枚以上も出土しているのです」

このことからも法蓮が飛鳥の仏教、さらには唐から輸入された中国新仏教と密接な関わりを持っていたことが分かるという。

「しかもそうした瓦や塼仏をこの寺の近くで焼いていました。すぐそこですから行ってみましょう」

古代の窯跡は東九州自動車道の橋脚の間にあった。

道路を建設している最中に見つかったもので、関係各位の努力によって保存される

ことになったのである。

千四百年ほど前に使われた登り窯は、今も当時とさして変わらない姿を保っている。新しい技術を持って渡来した人々が、ここで法蓮に命じられて瓦を焼いたのである。

この法蓮には伝説がある。

はじめ彦山（ひこさん）（福岡県添田町）で修行している時に、彦山権現（ごんげん）から如意宝珠（にょいほうじゅ）という万能の珠（たま）を得た。

ところがこれを老人に化けた八幡神が盗み出したために、追いかけて取りもどそうとした。そして話し合いの結果、法蓮が八幡宮の初代の別当（べっとう）となることで和解が成立したというのである。

法蓮は実在の僧侶で、大宝（たいほう）三年（703）には医術で功があったとして野四十町が与えられたと『続日本紀（しょくにほんぎ）』は伝えている。

また養老五年（721）には、医術に詳しく民の苦しみを救ったとして、宇佐の君の姓（かばね）を与えられている。

「二回とも隼人の大規模な反乱があった次の年です。ですから法蓮の功績とは、討伐した隼人の怨霊（おんりょう）を鎮めるための放生会（ほうじょうえ）を行なったことだと考えられます」

法隆寺式の伽藍を誇った虚空蔵寺跡で。

自動車道の高架下で保存された登り窯跡。

豊の国には隼人征伐のための大和朝廷の前線基地がおかれていた。

そして征伐を正統化するために八幡神が作り出されたが、同時に死者の怨霊を鎮める放生会がなければ、人々の心の平安を保つことはできなかった。

大和朝廷の対外戦争と宇佐神宮

そこで八幡神と法蓮の仏教は表裏一体となり、神仏習合の原形が作られたのだった。

次に宇佐神宮を訪ねた。

表参道を進むと、寄藻川にかかる独特の形をした神橋があった。途中までは平坦で、その先はアーチ型になっている。

「面白い形ですね。これは特別な意味があるのでしょうか」

そうたずねたのは、神社には大社造とか神明造などの様式があり、社殿や鳥居の形が少しずつ違うことを学んできたからだ。

あるいは八幡造の橋という様式があるかもしれないと思ったのだが、

「これは川の氾濫を防ぐために、川幅を広げたのです。それで平坦な所を継ぎ足したのですよ」

身も蓋もない答えが返ってきた。これだから神社の取材は難しい。

大鳥居をくぐり参集殿で小野崇之宮司に挨拶をしてから、境内を見学させていただいた。広々とした表参道の突き当たりを左に曲がり、山道の風情を残した道を登り、西大門から上宮に入った。

目の前に一位樫の森に囲まれた八幡造の神殿があった。

朱色に染められた柱や板、白漆喰の壁、檜皮ぶきの端正な屋根。境内に枝を伸ばす一位樫の鮮やかな緑と、めったにないほど青く澄んだ空。

その見事な調和が、我々を迎えてくれた。

（ああ、歓迎して下さっている）

地にぬかずいて感謝したいような厳かで美しい光景だった。

有り難いことに南中楼門の内側に入り、正式参拝をさせていただいた。

中には八幡大神を祀る一之御殿、比売大神を祀る二之御殿、神功皇后を祀る三之御殿が並んでいる。

平成二十七年に修築されたばかりで、赤茶色の漆で塗った柱や垂木と、金色の金具のコントラストが鮮やかである。

「中塗りと上塗りはすべて国産漆を使っています。ですから値段が高い上に、扱い方がきわめて難しいので職人さんも難渋しておられました」

境内を案内して下さった権禰宜の丸山信一さんの一言に、我々は現実に引きもどされた。

こうした問題は伝統工芸、美術、建築などのあらゆる分野で起こっている。便利さと効率、高収入を求めた我々現代人は、多くの大切なものを失いつつある。

不思議なのは主祭神である八幡神が、真ん中ではなく向かって左に祀られていることだが、これは祀られた順番によるものらしい。

その順番から、大和朝廷の対外戦争や朝廷内の争いに深く関わり、日本という国の成り立ちに重要な役割をはたした宇佐神宮の歴史が見えてくる。

以下順を追って紹介していきたい。

八幡神が七一九年の隼人征伐に出陣し、辛国城での戦いの時に八流の幡となって天降ったことにはすでに触れた。

二番目の比売大神が祀られるようになったのは、天平三年（731）と考えられている。比売神とは宗像三女神。沖ノ島沖津宮の田心姫神、大島中津宮の湍津姫神、

全国の八幡社の総本宮である宇佐神宮。

宇佐神宮弥勒寺から遷された弥勒大仏（極楽寺蔵）。

宇佐神宮弥勒寺の本尊だった薬師如来像。廃仏毀釈の際に大善寺に運ばれた。

宗像辺津宮の市杵島姫神のことだが、この年にも大きな危機が日本をみまったのだった。

天智系・天武系の争いの中で

宗像三女神は天照大神から海北道中を守るように命じられて天降り、九州から朝鮮半島へ航海する時の守り神となった。

沖ノ島では大和朝廷の祭祀が行なわれ、八万点におよぶ奉納品がすべて国宝に指定されている。平成二十九年（２０１７）七月に世界遺産に登録されたことは周知の通りである。

日本の危機とは、新羅との対立が険しくなったことだ。

七二二年、新羅は王都慶州の南に「日本賊路を遮る」ために毛伐郡城を築き、戦争準備に入った。

これに対して日本は神亀四年（７２７）に渤海（朝鮮半島北部からロシア沿海部に存在）との関係を強化して新羅を牽制するとともに、天平三年（７３１）には畿内に惣管、山陽道、山陰道、南海道に鎮撫使をおいて戦時体制を強化していった。

そうした状況で、朝鮮半島への航路をつかさどる宗像三女神が宇佐神宮に祀られたのである。

「それは隼人征伐の時に八幡神を祀ったのとまったく同じです。宗像三女神は朝鮮半島との国境の神として生み出されましたが、宇佐八幡宮に祀られることで対新羅戦のための軍神となったのです」

飯沼先生の話を聞いて、目からうろこが落ちる思いがした。

これまで沖ノ島は航海の神としか認識していなかったが、国境を守る軍神になったと考えれば、大和朝廷が沖ノ島にあれだけ多くの奉納品をささげた理由も納得がいく。

三番目の神功皇后が祀られたのは弘仁（こうにん）十四年（８２３）。これも三韓征伐を成し遂げた軍神として合祀（ごうし）されたものである。

興味深いのは、神として祀られていた八幡神が、やがて出家して八幡大菩薩（だいぼさつ）になることである。

戦（いくさ）に臨む武士たちが「南無八幡大菩薩（なむはちまんだいぼさつ）」ととなえる場面は『平家物語』や『太平記』でもよく見かけるが、いったいどうして八幡神は仏教に帰依したのだろうか。

その背景には大仏完成時の入京から道鏡事件、そして朝廷内での天智（てんじ）天皇派と天武（てんむ）

天皇派の暗闘がある。

そのあらましを飯沼先生の『八幡神とはなにか』を手がかりに記してみたい。

七四九年の八幡神入京は、仏教国家を目指す聖武天皇（天武天皇の曾孫）が仕掛けた演出だった。

八幡神が日本の神々の代表として大仏に参拝することで、神仏習合が成ったことを国民に知らしめようとしたのである。

ところが聖武天皇の死後、朝廷の実権を握った藤原仲麻呂（恵美押勝）はこの方針をくつがえしていく。そのために聖武天皇の娘である孝謙上皇との対立が激化し、藤原仲麻呂の乱を引き起こす。

この乱に勝った孝謙は、出家のまま再び皇位につき称徳天皇となる。

そうして仏僧である道鏡を重用し、神護慶雲三年（７６９）には八幡神の神託があったことを理由に道鏡を皇位につけようとする。

これが和気清麻呂の活躍で阻止されたことはよく知られているが、その翌年に称徳天皇は急逝し、光仁天皇（天智天皇の孫）の御世になる。

その二年後には、聖武天皇の娘で光仁天皇の后である井上内親王と、皇太子だった他戸（おさべ）皇子が幽閉され、七七五年に二人とも不審の死を遂げる。

ここに天武系の皇統は断絶し、天智系によって皇位が継承されていくことになるが、井上内親王らの死後、都ではさまざまの怪異（かいい）が起こり、内親王らの祟（たた）りだと噂されるようになった。

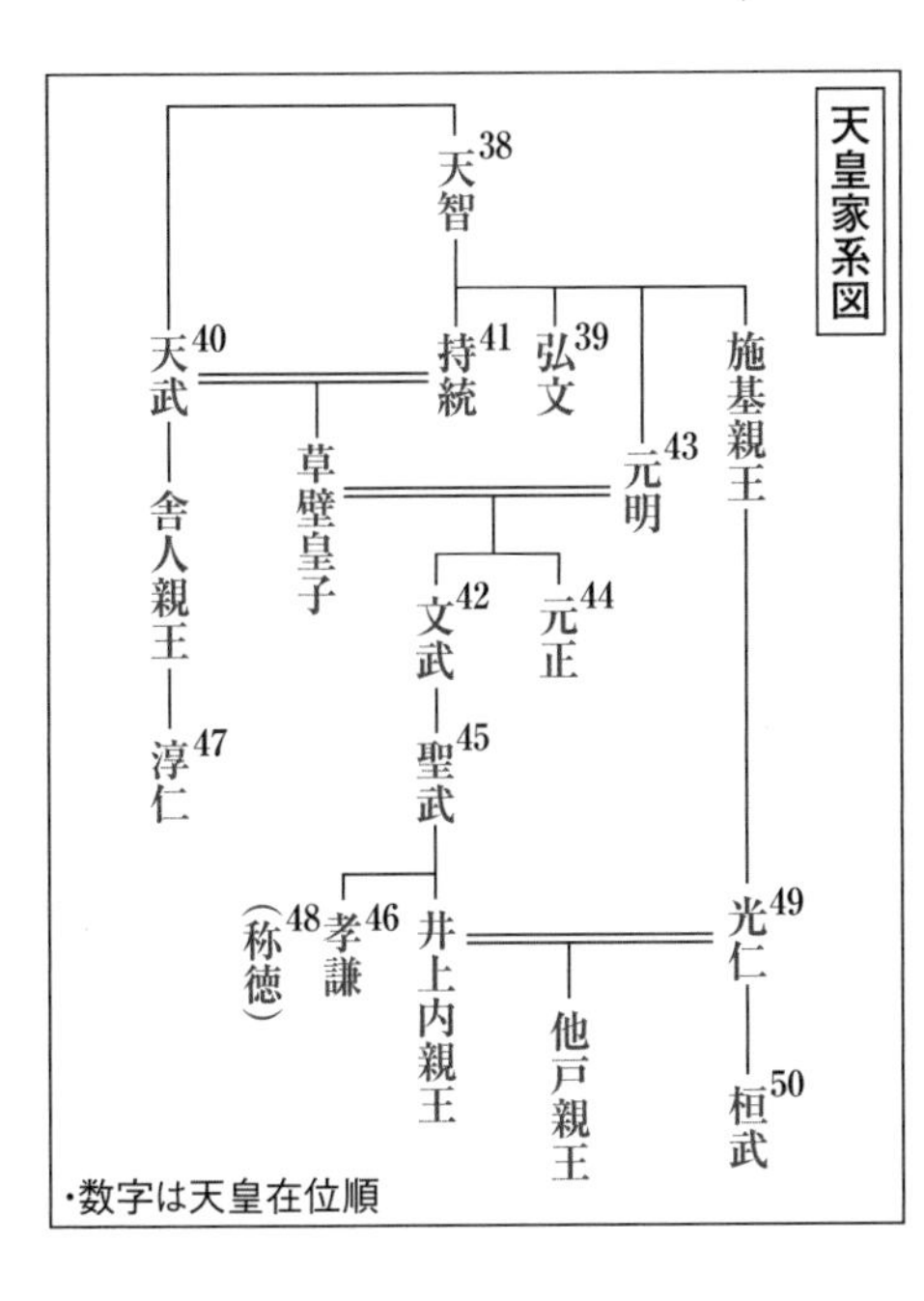

この怨霊を鎮めるために、今も奈良県五條市に御霊社（ごりょうしゃ）が祀られているが、光仁天皇やその後を継いだ桓武（かんむ）天皇は、祟りの背後に聖武や孝謙の怨霊があると常に感じていた。

そこで宝亀八年（777）、改めて聖武天皇の御魂（みたま）を供養するために仏式による葬儀を行ない、八幡神を出家させて八幡大菩薩とした。

八幡大菩薩と聖武天皇の御霊を合わせて祀ることで、怨霊変じて鎮護国家の仏神となってもらうように願ったのだという。

約七メートルの大日如来

ふもとの駐車場で車を降り、しばらく山道を歩くと古びた石の鳥居があった。

その先に乱れ積みの石段が山頂に向かって続いている。

鬼が築いたと伝えられる石段は一見乱暴に石を並べただけのように見えるが、数百年の風雪に耐えてなお、少しの崩れも歪（ゆが）みもない。

この地に参拝した無数の人々に踏まれ、角が取れたなめらかな石の肌を見せながら、ゆるぎのない形を保っている。

乱れ積みゆえの登りにくさに耐えながら踏破すると、左手に空地が開け、そびえ立つ岩壁に巨大な仏像が刻まれていた。

向かって左が不動明王（ふどうみょうおう）、右が大日如来（だいにちにょらい）。熊野磨崖仏（くまのまがいぶつ）の名で知られる石仏である。

岩壁の高さは三十メートルほどで、不動明王の半身像は約八メートル。まるでほほ笑んでいるようなおだやかな顔をして、太鼓腹の愛敬（あいきょう）のある姿をしている。

大日如来は約七メートル。こちらは唇を引き結んだ厳しい表情をして、頭をおおう螺髪も大きな耳もほぼ原形をとどめている。

二つの石仏とも顔をはっきりと刻み、上半身をぼかしたようにしているのは、人々の祈りに応えて、岩の中から仏が現れ出たところを表現するためだろう。

「凄いですね。千年近く前にこんな石仏が造られたとは」

私と藤田達生教授は、ただ呆然と石仏を見上げるばかりである。

この石壁に足場を組んでノミをふるっていた石工たちの姿を想像するだけで、当時の人々の信仰にかける思いの深さが伝わってくる。

同行の北村さゆりさんは、素早く道具を取り出してスケッチにかかられた。

その熱心さと特徴を素早くつかむ技量の確かさには敬服するばかりで、みるみるうちに画紙の上に不動明王が姿を現してくる。

その横に描かれた新緑の色が、石仏に花を添えているようだった。

経済力を示す仏像の傑作

熊野の磨崖仏の他にも、国東半島には多くの石仏や寺院がある。

熊野摩崖仏不動明王像。高さは約8m。我が国でもっとも古い摩崖仏。

熊野摩崖仏大日如来。こちらの高さは6・7m。

六郷満山と呼ばれる神仏習合の聖地で、六郷とは半島に点在する六つの郷（武蔵、来縄、国東、田染、安岐、伊美）のこと。

満山とはそうした郷を拠点とした寺院群のことだ。

伝説によれば、養老二年（７１８）に仁聞菩薩（八幡神の化身ともいう）が二十八の寺院を開創した。

学問をするための本山（八寺院）、修行をするための中山（十寺院）、布教をするための末山（十寺院）、すべてを合わせて満山と呼ばれたのである。

仁聞菩薩はこの他にも六万九千体の仏像を造り、国東半島に神仏習合の信仰を根付かせた。平成三十年は開創千三百年の節目にあたるので、さまざまなイベントが実施されたという。

七一八年といえば、八幡神が隼人の反乱を鎮めるために辛国城に出陣する一年前である。しかもこの出陣には仁聞の弟子と言われる法蓮、華厳、覚満、躰能らも加わり、七か所の隼人城を攻め落としたという。

おそらく六郷満山も八幡神と同じように、隼人征伐のために作り出されたものだろう。

湯布院（ゆふいん）など「院」のつく地名が、隼人征伐のための物資を保管する倉庫に由来することは前に触れた。

あるいは大和（やまと）朝廷は、瀬戸内海を通って九州に上陸する際の拠点となる国東半島の支配を確実にするために、半島全体を寺院によって支配させ、六郷に倉庫を設置して巨大な院にしたのかもしれない。

やがて六郷満山は、宇佐八幡宮（うさはちまんぐう）の信仰や広大な荘園支配と結びつき、それ以後もさまざまな変様（へんよう）を遂げながら発展していくのである。

磨崖仏を拝した我々は、山道をしばらく車で下って真木大堂（まきのおおどう）を訪ねた。

豊後高田（ぶんごたかだ）市を貫流している桂川（かつらがわ）の上流に、田染（たしぶ）郷と呼ばれる盆地にひらけた集落がある。宇佐八幡宮の荘園だった田染荘（たしぶのしょう）があったところで、真木大堂は集落の南端に位置していた。

そこにはかつて馬城山伝乗寺（まきさんでんじょうじ）があり、六郷満山の本山八か寺の中でも中心的な役割をはたしていた。

豊かな経済力を背景として七堂伽藍（しちどうがらん）を備えていたというが、宇佐八幡宮が力を失うのと歩調を合わせるように衰退（すいたい）していき、今は真木大堂を残すだけである。

大堂に保存された九体の仏像が、この寺の往時の繁栄ぶりをうかがわせてくれる。

まず目につくのは大威徳明王像である。

水牛にまたがった六面、六臂、六足。六つの顔と六本の手、六本の足を持った明王で、人々を害する毒蛇、悪意、怨敵を征服する力を備えている。

他にも丈六（一丈六尺）の阿弥陀如来坐像や、木造不動像としては日本一の大きさを誇る不動明王像などがあり、いずれも平安時代の仏像の最高水準を示す傑作である。

それはこの地に最高の仏師が招かれ、手厚い保護のもとで製作に当たったことをうかがわせる。

そうした政治的、経済的な力がこの地にあったことを象徴的に示しているのが、田染荘の北端にある富貴寺である。

宇佐大宮司である宇佐氏の氏寺だったこの寺には、宇治の平等院鳳凰堂、平泉の中尊寺金色堂と並び称される阿弥陀堂（富貴寺大堂）がある。

新緑におおわれた山の中にひっそりとたたずんでいる阿弥陀堂は、正面三間、側面四間の小ぶりなお堂だが、行基瓦で葺いた宝形造の屋根は端正で美しい。

総素木（榧）造で、内部には四天柱で区切られた内陣があり、阿弥陀如来坐像が安

真木大堂で四天王像に護られる阿弥陀如来像。国の重文。

置されている。格天井も端正で美しい。

内陣後壁には阿弥陀浄土変相図が描かれているというが、風雪にさらされて肉眼では分からないほど剥落していた。

「確かに中尊寺の金色堂と同じ造りですね」

こんな所にこんな立派なものがと、藤田教授が感慨深げにつぶやかれた。

鞘堂（堂を覆う堂）に守られた金色堂とは違って、この阿弥陀堂は壊滅の危機に何度もさらされてきた。中でも最

富貴寺大堂は日本三大阿弥陀堂に数えられる。九州最古の木像建築。

大のピンチは、太平洋戦争中に米軍の爆撃によって屋根が吹き飛ばされ、半壊状態になったことだ。

敗戦後の日本にはこれを修復する余裕もなかったが、当時の住職が屋根に藁（わら）をつめる応急処置で何とか雨露を防ぎ、各方面に修復工事をしてくれるように働きかけをなされた。

この要請に国と大分県が応え、昭和二十三年から修復工事を始め、壁画脱落を防ぐための樹脂注入なども行なって、見事に往時の姿を取り戻した。

今我々が四季折々に阿弥陀堂の美しい姿を拝することができるのも、こうした方々の努力と英断があったからである。

富貴寺から田染荘小崎の展望台に行った。山のふもとの高台にある展望台からは、田染荘の集落と水田を広々と見渡すことができる。

鎌倉時代から変わっていない景観を守るために、飯沼賢司先生たちはさまざまな努力を続けてこられた。

そのひとつが、多くの人に一口地主として出資してもらうことだという。

「こうした水田や水利は、一度壊してしまうと元には戻せませんからね。貴重な文化財であり、当時を知る史料なのです。出資していただいた方には、田植えや稲刈りにも参加していただいてます」

こうした取り組みが、熊野の丸山千枚田（第5章熊野編）でも行なわれていたことを思い出す。歴史と文化を守ろうとする人々の努力が、着実に成果を上げているのである。

上皇と摂関家の対立と六郷満山

田染荘は宇佐八幡宮の荘園の中でも重要なもののひとつだが、同社は他にも九州全域に荘園を持っていたという。

「その広さは二万町歩と言われています。九州の農地の三分の一にあたる広大なものだったのです」

六郷満山を維持する経費も、そこから支出していた。

それゆえ往時には比叡山や高野山に匹敵するほどの勢力を維持できたわけだが、やがて政治的対立に巻き込まれていくことになる。

宇佐八幡宮は藤原摂関家に接近することで、順調に荘園を増やしていった。摂関家も宇佐八幡宮の国家鎮護の力を利用し、国家支配の正統性を維持してきた。

ところが白河上皇が摂関家と対立して院政を始めるようになると、宇佐八幡宮も微妙な立場におかれることになった。八幡宮と手を結んだ摂関家に対抗するために、上皇が熊野大社への接近を強めたからだ。

白河上皇九回、鳥羽上皇二十八回、後白河上皇三十四回も参拝し、「蟻の熊野詣」と言われた盛況を呈したが、その陰には摂関家と宇佐八幡宮の支配をくつがえそうとする院政派の宗教政策があった。

この動きによって、六郷満山の寺院も少しずつ切り崩されていく。

熊野磨崖仏がある胎蔵寺が今熊野山という山号を用いているように、熊野大社の影響下に属する寺が多くなっていった。

そうして旧来の通り宇佐八幡宮の傘下に属している寺院と争うようになり、己の優位性を際立たせるために、競って立派な本堂や阿弥陀堂、仏像や石仏を造ったのではないかと思われる。

ところがこうした争いの果てに摂関政治も院政も破綻し、保元平治の乱を経て源平が台頭する「武者の世」になっていく。そして鎌倉幕府が開かれると、宇佐八幡宮も六郷満山も往時の力を失うのである。

富貴寺の「旅庵　蕗薹」で精進料理の昼食をいただき、両子寺へ向かった。

寺が建てられている両子山（標高七二一メートル）は国東半島の中心に位置し、山頂から放射状に尾根と谷が四方に広がっている。

両子寺仁王門に立つ仁王像。
国東半島有数の撮影スポット。

この山は、百十万年前まで火を噴いていた火山だった。その頃の噴出物によって、国東半島が形成されたのである。

山の中腹に位置する両子寺は、今では六郷満山の中心的役割をはたしている。

時代の波に押し流されて荒廃した満山を、江戸時代初期に両子寺の住職となった順慶(じゅんけい)が再興したからである。

杉の木立に囲まれた参道の入口には、無明橋(むみょうばし)というアーチ型の小さな橋がある。無明とは煩悩(ぼんのう)にとらわれた人間の姿で、この橋を渡る人はそこから離れて仏の世界に入るのである。

その決意をことほぐように、苔(こけ)むした石造りの仁王(におう)像が迎えてくれる。阿吽(あうん)の二像は大きさといいあたりを圧する迫力といい、六郷満山随一と評される傑作である。

そこから続く石段を登りきったところに、総合門という名の山門がある。かつて峯(みね)入りの行(ぎょう)は八幡神降臨の地である御許山(おもとさん)を出発し、両子寺の総合門を終点としていた。

境内には宝形造りの屋根をいただく護摩(ごま)堂(どう)本殿があり、法嗣(ほうし)の寺田豪淳氏に迎えていただいた。

寺の方に案内され、古びた細い石段を登って奥の院に参拝した。

絶壁の洞窟に埋め込むように造られた本殿には、本尊の千手観音、両所大権現（八幡大菩薩、仁聞菩薩）が祀られている。

両子寺の名前が契機となったのか、この寺は江戸時代に「子授け」の霊験によって庶民の崇敬を受けるようになった。

古代に隼人征伐をきっかけとして創建され、王朝時代の終わりとともに没落していった寺は、子宝の願いをかなえる寺として庶民の中に復活したのである。

富貴寺大堂に蔵される阿弥陀如来坐像。国宝。

第五章●聖地・熊野と神武天皇編（紀伊半島）

神武天皇や徐福は黒潮に乗ってやってきた!?
出土した「半両銭」は、徐福上陸の決定的証拠なのか？

神武天皇上陸地を辿る
天皇・上皇も参った
熊野川くだりの絶景
徐福伝説地から出土した半両銭

壮大な自然と熊野詣

昔から熊野に魅せられていた。

三十年ほど前に初めて熊野を訪ねた時、自然の荒々しさ、植生の豊かさに圧倒されたものだ。ここは他所とは何かが違う。そう感じたものの、本質的なことまで理解することはできなかった。

その宿題を今回の旅ではたしたい。私は決意も新たに熊野の内懐に飛び込んだのだった。

熊野の象徴のひとつが熊野詣である。

平安時代に神仏習合と浄土信仰が盛んになり、熊野三山の神々は仏が権現（権の姿をとって現れること）したものだという教えが広く流布した。

熊野本宮大社の家津御子大神＝来世を救済する阿弥陀如来。

熊野速玉大社の熊野速玉大神＝過去世を救済する薬師如来。

熊野那智大社の熊野夫須美大神＝現世を救済する千手観音。

こうした救済にあずかるために、平安時代には白河上皇が九回、後白河法皇は実に三十四回も熊野詣を行なっている。行列を仕立てての旅はさぞ出費がかさんだだろうが、それ以上に上皇自ら参詣する意味と価値があった。

それが何かを突き止めることは、熊野信仰の本質ばかりでなく、日本人の精神性の特質と朝廷との関わりを解き明かす手がかりとなるだろう。

室町時代以降には、武士や庶民も長蛇の例をなして参詣道を歩いたことから、「蟻の熊野詣」と言われるようになった。

江戸時代には信仰心の篤さを表現する、「伊勢へ七度、熊野へ三度」という言葉が生まれたほど、両所への参詣が盛んになった。

大事なことを起請する際には、必ず熊野三山の牛王宝印紙が使われるのも、熊野信仰の影響力の大きさを物語っている。人々が命をかけて何かを誓う時、熊野三山への信仰が約束をたがえない拠り所とされたのだった。

弓のように弧を描く砂浜

熊野詣には二つのルートがある。

ひとつは紀伊半島の西岸伝いを通る「熊野古道紀伊路」で、後白河法皇らもこの道

熊野本宮大社の大斎原（旧境内地）。鳥居の高さは35ｍ。

熊野速玉大社。往時には本宮から舟で下ったという。

熊野那智大社。那智の大滝が有名。

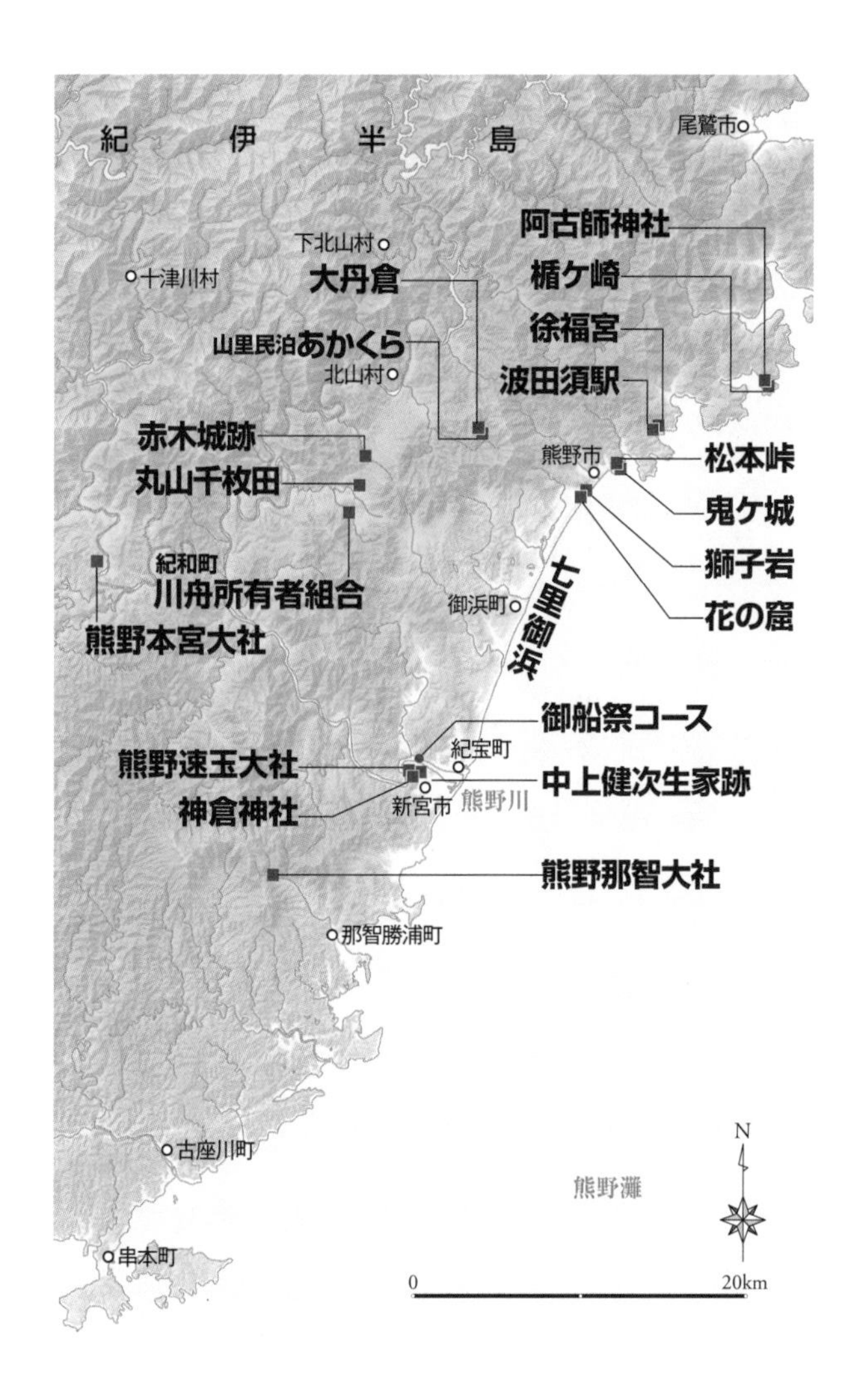
紀 伊 半 島
尾鷲市
阿古師神社
楯ケ崎
徐福宮
波田須駅
下北山村
十津川村
大丹倉
山里民泊あかくら
北山村
赤木城跡
丸山千枚田
熊野市
松本峠
鬼ケ城
獅子岩
花の窟
紀和町
川舟所有者組合
熊野本宮大社
御浜町
七里御浜
御船祭コース
紀宝町
熊野速玉大社
中上健次生家跡
神倉神社
新宮市
熊野川
熊野那智大社
那智勝浦町
古座川町
串本町
熊野灘
N
0
20km

をたどった。もうひとつは「熊野古道伊勢路」で、伊勢神宮と熊野三社を結ぶいにしえからの信仰の道である。今回我々は後者をたどり、熊野市の松本峠に向かった。熊野古道の峠のひとつを歩き、往時の人々の苦労と喜びを追体験しようというのである。

峠の下の駐車場で三重県東紀州地域振興公社の松田健治さんが出迎えてくれた。この先の取材の案内役をつとめて下さるという。

「峠から見る七里御浜は絶景ですよ。楽しみにしておいて下さい」

馬の鼻先ににんじんをぶら下げるような励ましをいただき、峠へ向かう道を歩き出した。

一・五メートルほどの幅の道には、石畳が敷き詰められている。苔むした石が緑色をおび、心を洗われるように美しい。登りやすいように階段状にしてあるところも、びっしりと積んだ側面の石垣も見事なものだ。

その技術の高さは、江戸時代から今日まで崩れずにいることが証明している。

「紀州藩の公用道だし、参詣者を迎える大事な道ですからね。村々に命じて立派なものを作らせたのでしょう」

藤田教授はそう言いながらスタスタと登っていかれる。

こちらも遅れじとついていくと、わずか十五分ほどで峠に着いた。標高百三十五メートルなのだから、少々物足りないほどだった。

峠には等身大ほどの石の地蔵さんが立っている。左裾に傷があるのは、その昔、鉄砲の名人が妖怪と勘違いして撃ったものだという。

峠近くの東屋から見る七里御浜の景色は、松田さんのお言葉にたがわぬ見事なものだった。眼下の熊野市からはるか遠くの新宮市まで、砂浜が弓のように弧を描き、打ち寄せる白い波に洗われている。

伊勢から続く参詣道が山また山の険しいものだけに、ここまで歩いてきた往時の人々は、車で来た我々の何倍もの感動と喜びを味わったことだろう。

峠のある山は海に向かって突き出し、波打ち際に鬼ヶ城がある。一・二キロも続く凝灰岩の岩壁が熊野灘の荒波に削られ、さまざまな形の洞窟を成している。

世界遺産にも登録された奇勝で、七里御浜にある獅子岩や花の窟とともに、南紀の自然の雄大さを感じさせてくれる場所である。

雄大と言えば、育生町赤倉にある大丹倉がとどめを刺す。山頂部にそそり立つ高さ

熊野古道松本峠から望む七
里御浜の景観。

人生一度は歩いてみたい熊
野古道。

松本峠に立つ地蔵は多くの旅人を見守ってきた。

修験者の修行場だった大丹倉。視線の先は300mの断崖絶壁。

三百メートル、幅五百メートルにも及ぶ大絶壁である。

丹とは赤のことで、岩に含まれる鉄分が酸化して赤く見えることから大丹倉の名がつけられた。

岩の上に立つと熊野の山々が一望に見渡せるが、目の下は奈落である。足を踏みはずせば命はないと思うと身がすくむ。

大峯山（奈良県）の西の覗きにも立ったことがあるが、かの地に勝るとも劣らぬスケールで、古くから修験者の行場とされてきた。

修験者たちは人知をこえた大自然の中で己の小ささを実感すると同時に、自然のエネルギーを身の内に取り込むことで限界を乗り越えようとしたのである。

　大丹倉のふもとには「山里民泊あかくら」がある。

　過疎化によって無人となった集落で、中平孝之さんがアマゴの養殖と民宿をしておられる。清流で育ったアマゴの塩焼きや刺身は絶品で、この地でしか味わえない実りに満ちている。

　中平さんのご先祖は、九州から熊野詣に来てこの地に居ついたというから、熊野に魅せられた先輩の一人だったのである。


「凄い、こんなに凄い所は初めてだ」


　熊野の大自然を知るには熊野川の船旅をするに限る。

　同行編集者のＩ君の発案で、我々は船着場に向かった。

　観光パンフレットにあるようなウォータージェット船に乗るのだろうと思っていたが、迎えに来たのは矢切の渡しの渡し舟のような小型船で、初老の船頭さんが一人で舵取りをしていた。

　いささか不安を覚えながら乗り込んだが、これが実に快適だった。船頭さんは船底が川底に当たってゴツゴツと音を立てる急流を、見事な舵さばきで上っていく。船縁が水面すれすれなので、激流が打ち寄せるたびに水しぶきをあびるが、おかげで川の流れも川底の地形もよく分かる。

しかも低い位置から見るまわりの景色は、息を呑むほどに素晴らしかった。川の両側には、屹立した岩壁が延々と続いている。高さ三十メートル近い断崖絶壁もあり、『三国志』に出てくる赤壁もかくやと思えるほどだ。

まわりには植生豊かな雑木林が生い茂り、土壌の豊かさを示している。初めてこの地を訪ねた時、「熊野は他所とは違う」と感じた由縁だが、その原因は地形の成り立ちそのものにあった。

話は二千万年ほど前にさかのぼる。

紀伊半島沖の深海で海洋プレートと大陸プレートがぶつかり、前者が後者の下にもぐり込んで後者を押し上げ、海底の台地（付加体）が作られた。

その台地に陸地から押し流されてきた滋養豊かな砂や泥が堆積して堆積体と呼ばれる地層を作った。

千五百万年ほど前になると火山活動が活発になり、地下から上昇したマグマが付加

体と堆積体を突き破って噴出し、海の水に冷やされて溶岩の固まり（火成岩体）になった。

こうして折り重なった三つの地層が、海洋プレートに押し上げられて陸地となった。その時の地震は凄まじかっただろうが、こうした壮大な自然のドラマの末に南紀地方の地形が作られたのである。

しかも熊野川から鬼ヶ城のあたりまでの広大な地域は、火成岩体が隆起した一枚の巨大な岩盤だという。

熊野川は長年の流れが岩盤を削ってできたもので、両岸が屏風を立てたように切り立っているのはそのためである。

我々は渡し舟のような小型船のおかげで、大自然のドラマの中に体ごと入っていくことができた。

そしてエネルギーの巨大さと、悠久の時間の流れを、鳥肌立つ思いで受け止めた。

「凄い、こんなに凄い所は初め

熊野川くだりの絶景。自然の美と脅威を感じる。

船頭さんとともに川を下る。

てだ」
知性派の藤田教授が、茫然と
あたりの景色に見入っておられる。
こんな大自然を前にすれば、
人間の一生など線香花火のきら

めきのようなものだ。そう感じれば、日頃の悩みや苦しみ、悲しみや怒りなど、取るに足りないと思えてくる。おそらく熊野信仰は、人々のこうした実感を原点にしているのだろう。

我々が熊野に魅了された顔つきになるのを待っていたように、船頭さんが面白い話を聞かせてくれた。

「ずいぶん前の話だけど、一人旅の若い娘さんを乗せたことがあったんだ」

暗く沈んだ顔をしているので気になったが、立ち入ったことをたずねる訳にはいかないので黙っていた。

すると船着場に戻る頃になって、辛(つら)いことがあって死ぬつもりで熊野にやってきたが、この景色を見ているうちに、自分の悩みなど小さなことだと思えるようになったと話してくれたという。

「また頑張りますと言って、元気に船を下りていってくれたよ」

事実なのかサービストークなのか分からない。だが我ら感激ブラザースは、さもありなんと深く納得して船を下りたのだった。

神武上陸伝説と魂のふるさと

「楯ヶ崎まで徒歩十五分」

道路脇に古びた木製の標識が立ち、森の中へ分け入っていく道を示していた。

神武天皇上陸地と伝えられる重要な場所だが、我々はひとしきり顔を見合わせた。

この先も取材のスケジュールがぎっしりと詰まっている。往復三十分、もろもろ入れたら一時間はかかりそうな道に踏み込んでいいものか。

そんな迷いがあったが、

「行きましょう。ここからひとつの歴史が始まったのですから」

藤田達生教授の英断に従い、縦長の列になって目的地を目指すことにした。

ジグザグに折れた険しい下り坂を行くと、海岸沿いに出た。

海に向かって阿古師神社が建っている。豊玉姫命を祀ったもので、対岸の牟婁崎にある室古神社とともに二木島湾の入口を守護しているという。

神社の横を通り過ぎて楯ヶ崎に向かったが、道は遠くなかなかたどり着けない。

およそ二キロ。往復一時間は優にかかる距離だが、その苦労を一瞬で忘れさせる絶景が目の前に広がっていた。

太平洋の真っ青な海に向かって、千畳はあろうかという赤みがかった岩場が突き出している。その先端には高さ十メートルはありそうな巨岩が垂直に切り立っている。昔の人はこれを楯に見立てたのだろう。

鉄分の多い岩は太陽の光をあびてキラキラと輝き、沖から見たら鏡のように見えたのではないか。だから上陸目標、ランドマークにしたのだと思った。

神武天皇の東征軍は、一度に大船団をつらねてこの地に来たのではない。上陸地点を申し合わせ、分散して南九州から移住してきたというから、沖からもひと目で分かる目標が必要だった。

まさにここは格好の地だと思いながら先へ進むと、この世のものとも思えない光景が広がっていた。

「神話や伝説のすべてが真実だと思った」

ひと目見るなり息を呑んだ。

千畳敷の岩場の先に、さらに巨大な楯が海に突っ立っている。

高さは約八十メートル、周囲はおよそ五百五十メートルの岩礁で、表面は溶岩の隆起でできたことを示す柱状節理をなしている。

その姿は神々しいほどで、地球のエネルギーを感じさせるオーラを放っている。

これこそ、天然の良港である二木島湾の位置を示す絶好の標識である。

「凄い。絶対にここが上陸地ですよ」

私は景色の雄大さに圧倒され、神話や伝説のすべてが真実だと思った。そう納得させるほどの説得力と存在感があった。

時間も忘れて海と陸とがせめぎ合う景色に目を奪われ、去り難い思いをしながら来た道を引き返した。

駐車場から徒歩約40分。神武天皇上陸伝承地の「楯ケ崎」。

楯ヶ崎を目印にした東征軍は、どんな航路をたどって湾の奥に船を進めたのか。

そんなことを考えながら歩いていたせいか、室古神社と阿古師神社が東征中に亡くなった神武天皇の二人の兄を祀ったものだとか、毎年十一月三日に行なわれる二木島祭りが、神武天皇の船が難破した時に救助したことにちなむものだという伝承を、すんなりと受け容れることができた。

八丁櫓の関船二隻が、両社と甫母浦、二木島浦の間を競漕してまわるという神事を、ぜひとも一度この目で見たいものである。

徐福伝説の地で秦の半両銭が出土

我らは大きな感動と満足にひたりながら、次なる目的地である徐福の宮に向かって国道３１１号線を南に向かった。

新鹿を通り波田須に着くと、車は海に向かう細い道に分け入っていく。

これでは対向車が来たら離合できないし、行き止まりになったらバックで戻るしかないと案じていたが、無事に集落の中心にある駐車場にたどり着いた。

徐福の宮は海を望む小高い丘に建っていた。

赤い鳥居の奥に小さな社があり、背後に巨大な楠が立っている。徐福の墓だという石碑もある。

波田須の地名は秦の人たちが住んだ「秦住」が変化したものだし、近くの釜所は徐福たちが陶器の焼き方や製鉄の技術を伝えたことに由来するという。

楠の根方に立ち、古に思いを馳せながら水平線をながめていると、地元の方に「どこから来ましたか」と声をかけられた。

過疎化が進む地域では若手に属する、四十ばかりの婦人である。

私は取材の目的を話し、今回の最大のテーマは「熊野がなぜ日本人の魂のふるさとだと意識されるようになったかを突き止めることです」と話した。

すると彼女は数年前に夫とともにこの地に移り住んだことを明かし、「それは黒潮があるからだと思います」と明快に答えてくれた。

この地の魅力に惹かれ、縁故もない土地に移り住んだのは、黒潮に魅せられたからだとおっしゃるのである。

確かにそうかもしれない。黒潮による海の幸、気候の恵みというだけでなく、南方系の人々は黒潮に乗ってこの国に渡来し、土着して日本人になった。

神武天皇も徐福もそうである。民族のＤＮＡに刻まれたその記憶が、この地を魂のふるさとだと思わせるのではないか……。

　そんなことを考えていると、お宮を管理している方が話を聞かせて下さるという。

　さっそくお宅にうかがうと、驚くべきものを見せていただいた。

「これは徐福の宮のある丸山から発掘された半両銭です」

　半両銭は秦の時代に流通した銅銭で、重さが半両（約八

熊野市波田須町にある「徐福の墓」。

秦の時代の「半両銭」。1960年代に出土。2002年に中国人学者の鑑定で本物であることがわかった。

グラム）なので半両という文字が刻んである。

直径三センチほどの円形方孔の貨幣で、秦の始皇帝の中国統一以後に中国全土で使用されるようになった。

見せていただいた半両銭は、昭和四十五年（１９７０）頃に徐福の宮を整備していた時に見つかったもので、当初は七、八枚あった。

平成十四年（２００２）に中国の学者に鑑定してもらい、秦代のものに間違いないことが分かったが、どうした訳かその時に五、六枚が紛失した。

現在残っているのは、この一枚と新宮市立歴史民俗資料館に保管されている一枚だけだという。

我々はにわかに色めき立った。

秦の始皇帝に不老不死の仙薬を探すように命じられた徐福が、三千人の童男童女をつれて航海に出たことはよく知られている。

仮に五十人が乗れる船だとしても六十隻の船団になったわけで、何組かに手分けして行動したのか、あるいは航海の途中で嵐にあって四散したのだろう。

日本列島の各地に徐福来航伝説が残っているのは、その船が各地に漂着したためだと思われる。

我々も南の薩摩半島や北の権現崎（青森県）などで、そんな伝説に遭遇してきたが、それを実証する史料と出会ったのは初めてだった。

徐福来航を伝説ではなく史実として論じる手がかりと、ようやく出会えたのである。

「凄いものを見せていただきましたが、少し慎重になった方がいいですよ」

移動の車の中で、藤田教授が釘を刺された。

歴史研究者としての長年の経験から、ぴたりと平仄が合う時には、誰かが仕組んだのではないかと疑った方がいいと学ばれたという。

なるほど、そんなこともあるかも知れないと思いながらも、私の興奮は冷めなかった。

徐福かその一行が残した足跡が、半両銭という形で明確に残っている。

しかも薩摩半島の場合と同じように、神武天皇と徐福の上陸地がすぐ隣り合っているのである。

（両者が同一人物だという説は、案外正しいのではないだろうか）

そんな小説家的な空想にふけりながら、車窓に広がる太平洋を眺めていたのだった。

熊野の山深き地に現れた「天空の城」

楯ヶ崎、徐福の宮で大幅に時間を費やしたために、木本（きのもと）代官所跡や丸山（まるやま）千枚田の取材は駆け足になってしまった。

丸山千枚田は山の斜面一面に段々と水田がつらなり、耕して天に至るという言葉そのままの景観を作り出している。

現在は千三百四十枚の水田があるが、関ヶ原の戦いの翌年（一六〇一）の記録によれば、二千二百四十枚があった。

その頃の人々が、生きていくための努力をいかに営々（えいえい）と続けてきたかの証（あかし）である。

政府の転作奨励などの影響で一時は五百三十枚まで減っていたが、地域の歴史を残したいという地元の方々の熱意によって、今の形に復活したという。

千枚田から北へ十キロほど行った所に赤木城（あかぎじょう）跡がある。

天正（てんしょう）十五年（一五八七）頃に築城の名手と言われる藤堂高虎（とうどうたかとら）が築いたものだ。

城のふもとから見上げると、総石垣の頑丈な曲輪（くるわ）が階段状に配され、山里には不似合いな偉容を誇っている。

「来ましたね。これが高虎が築いた城ですよ」

早くから赤木城の重要性に着目してこられた藤田教授は、何度も足を運ばれている。私も高虎を主人公とした『下天を謀る』（新潮文庫）を書いたが、ここに来たのは初めてだった。

本丸からあたりを見渡すと、城の造りもあたりの景色も「天空の城」と呼ばれて有名になった丹後の竹田城によく似ている。

こちらも主君である羽柴秀長に命じられて高虎が築いたものだし、織豊政権が地方を征圧するために打ち込んだ楔という点でもよく似ている。

「竹田城は生野銀山を押さえるという役割があったし、この近くにも鉱山がたくさんありますからね」

私はそんな感想を口にした。

そうした経済的な背景がなければ、こんな山里にこれほど巨大な城を築きはしないだろうと思ったのだが、紀州一揆の抵抗の激しさを学べば、遮二無二この地を征圧しなければならないと考えた秀吉や秀長の気持ちが分かる気がした。

紀州は古くから一揆を結ぶことによって団結している。

固く結束できたのは、熊野三山の社家領地として何百年もの間自治と独立を保ってきた誇りがあったからである。

その石高は四十万石、動員兵力は三万人だというから、有力な戦国大名に匹敵する勢力である。

熊野三山への信仰によって結ばれ、峻険な地形によって守られているばかりでなく、雑賀や根来の一揆衆は黒潮交易によって手に入れた大量の鉄砲を装備していた。

まるで独立国のような熊野を最初に従属させようとしたのは、天下統一を目ざした織田信長である。

天正五年（一五七七）に十万の大軍を動かして紀州雑賀を攻めたが、形だけの降伏の誓紙を得ただけで撤退せざるを得なかった。

信長の後継者となった秀吉は、天正十三年（一五八五）に同じく十万の兵を動かし、根来寺を焼き払い、太田城を水攻めにして降伏させた。ところが一揆衆はなおも諦めることなく、南紀の田辺市周辺や奥熊野の諸城に立て籠って抵抗を続けた。

この状況の解決を託されたのが、大和郡山百万石の太守となった秀長であり、現地に乗り込んで統治にあたったのが藤堂高虎だった。

天正十三年八月、高虎は降伏してきた一揆衆百五十人を、風伝峠で斬首にしたと『南紀古士伝』は伝えている。

また赤木城の近くの田平子峠でも同様の事件が起こり、地元では今も「行ったら戻らぬ赤木の城へ、身捨どころは田平子じゃ」という歌が謡いつがれているという。

地方分権から中央政権へ、神仏の支配から法の支配へ。中世から近世へ移行する時、熊野は頑強な抵抗勢力となった。

それは熊野の人々が熊野三山の信仰に生き、郷土に対する愛情と愛着を強く持っていたからなのである。

中上健次の故郷としての熊野

紀州熊野と言えば作家の中上健次を思い出す。

中上は昭和二十一年、和歌山県新宮市に生まれた。被差別部落の出身であり、そのことへの怒りや哀しみ、問題意識を文学の出発点とし、昭和五十年（1975）に『岬』（文春文庫）で芥川賞を受賞した。

戦後生まれで初めての受賞者として脚光をあびた彼のことを、当時久留米高専の学生でありながら作家になることを夢見ていた私は、羨望と畏敬の念を持ちながらながめていたものだ。

中上が当時の文学青年たちに強烈なインパクトを与えたのは、熊野という独特の風土に育まれた土着性と神話性を身にまとっていたからだ。

しかも彼自身が大柄で不敵な面構えをして、肉体労働をしながら文学と取り組んでいることをひとつの「セールスポイント」にしていた。

そして既存の作家たちを、インテリなるがゆえに人間の原初の生命力を失った「去勢者」のように見なしていたのである。

それは優遇されたアマテラスの楽園に乱入したスサノオの如き、激しい情念と破壊力に満ちた活動だった。

その中上が紀州を旅し、己の出身と紀州なるものに向き合おうとした作品がある。『紀州　木の国・根の国物語』（角川文庫）である。

この中に次の一文がある。

〈海が自然の壁のようにあり、熊野の山がすぐ裏にまで迫っているのは、太地も一緒である。（中略）たとえばこうである。悲しげなひびき、いや悲しみそのものは、海の壁と山の壁に圧縮されつづめられ、何やら熱を持っているように感じる。人は物狂おしさに圧(お)される。人は荒くれとしてある。〉

今回我々は彼の出身地である新宮に向かい、熊野信仰の中心をなす祭りに参加させてもらった。

中上がそこで見たものは、はたして何だったのだろうか……。

古代人の想いを忘れぬよう絶やさぬよう

熊野信仰の凄(すご)さを象徴的に表しているのが、平安時代に行なわれた熊野御幸(ごこう)である。中でも鳥羽上皇(とばじょうこう)は二十三度、後白河(ごしらかわ)法皇は三十四度、後鳥羽(ごとば)上皇は二十八度も熊野詣(もうで)をしている。

京都から熊野までの往復には一か月近くかかり、従者は八百人ほどいたというから、一回の御幸には莫大な費用がかかったはずである。

それでもこれだけ何度も参拝したのは、それをまかなう経済力があり、庶民の支持を得られたからだろう。

当時の俗謡を集めた『梁塵秘抄(りょうじんひしょう)』には次のような歌がある。

熊野に参るには　紀路と伊勢路と
　どれ近しどれ遠し
広大慈悲の道なれば
　紀路も伊勢路も遠からず

京の都の立売女までがこんな歌を口ずさむほど、熊野詣は尊いこととして庶民の間に根づいていた。

その信仰の実態に迫るのは容易なことではないが、熊野速玉大社が発行した『熊野大権現　熊野速玉大社御由緒』を参考にしながら記してみることにしよう。

熊野には本宮と新宮があるので、本宮が先で新宮が後にできたのだろうと考えがちだが、これは間違いである。

熊野の神はまず神倉山に降臨され、熊野川北岸の石淵（紀宝町鵜殿の矢渕）にとどまった後、今の位置に移られた。

新宮の地名は「初めてのお社」に由来するもので、新宮には結大神（イザナミノミコト）と速玉大神（イザナギノミコト）を、本宮には家津美御子大神（スサノオノミコト）をお祀りした。

速玉大神はいざなぎの命の映え輝く神霊をたたえたもので、速玉の名は映霊が変化したものだという。

熊野の神々と天皇家の祖

那智の滝で有名な那智大社も、新宮と同様に結大神をお祀りしている。

速玉、本宮、那智の三社を熊野三社と呼ぶが、奈良時代末期になって仏教が盛んになると、日本の神々は仏が姿を変えてこの国に現れたものだという本地垂迹説が信じられるようになった。

そこで（一）速玉大神は薬師如来、（二）結大神は千手観音、（三）家津美御子大神は阿弥陀如来が権現したものだという神仏習合、熊野三所権現の信仰が生まれた。

しかも（一）は過去世の業を救済し、（二）は現世を加護し、（三）は死後に浄土に導くという「三山三世信仰」が生まれ、ひとたび熊野に詣でれば過去、現在、未来にわたって救われるという教えが、熊野比丘尼や修験者によって広く流布したのである。

平安時代の熱狂的な信仰はここから生まれたが、それは天皇家にとってきわめて有り難い（都合のいい）ものだった。

なぜなら熊野の神々は天皇家の祖であり、そこに詣でることで神霊力を回復した天皇が（一）（二）（三）のご神徳を庶民に与えるという信仰の図式を作り上げることができたからだ。

おそらく庶民もそれを熱望し、帝（みかど）が御幸をなされると聞けば、なけなしの銭をはたいて寄進したことだろう。それによって熊野三山とつながり、三世にわたって救われると信じたからだ。

かくて熊野御幸が隆盛（りゅうせい）をきわめたとすれば、上皇たちは行ったと言うより行かされたと表現したほうが、実態に近いかもしれない。

我々はイザナミノミコトを埋葬したという花（はな）の窟（いわや）神社に参拝した後、国道四十二号線を新宮市に向かってひた走った。

中上健次が言う「海が自然の壁のようにあり、熊野の山がすぐ裏にまで迫っている」景色である。

その先に熊野川が流れている。手前に神々の仮宮（かりみや）であった石淵があり、川向こうに速玉大社や神倉山がある。

我々はボランティアガイドの川邑（かわむら）マツ代さんたちに案内され、大社の境内に足を踏み入れた。

神門をくぐって左手に進むと、朱塗りの鮮やかな色を見せて神殿が立ち並んでいた。

正面に拝殿があり、奥の左手に結宮、右手に速玉宮が並んでいる。さらに右手の上三殿には家津美御子大神、天照大神、高倉下命が祀られている。

境内にはすでに多くのご神職や氏子たちが集まり、祭りが始まるのを待っていた。

我々も大社から拝借した法被に着替え、祭りに参加させていただいた。

祭りとは何かについて『御由緒』には次のように記されている。

〈約二千年の歴史をもつ神倉神社の奇祭「お燈祭」や、速玉大社の特殊神事「神馬渡御式・御船祭・御旅所神事」などは、自然神に対する畏れの観念と、初めて神殿を建てて神々を迎えた喜びの心とを見事に調和させて表現した古代人の想いの結晶といえるでしょう〉

だから初めて神をいただいた古代人の想いを忘れぬよう絶やさぬように、毎年同じことをくり返しているのだという。

つまり祭りのたびに神々は人々の心によみがえり、人々はそのご神威を受けることで滅罪とよみがえりを経験するのである。

やがて結宮の扉が開けられ、供物を神前に並べてから祝詞が奏された。

覆面をした宮司が結大神の神霊を抱きかかえるように神輿に移し、神楽がおごそかにかなでられた。

そして先払いの声とともに神輿が神門を出て、一ツ物（編笠をかぶった人形を馬に乗せたもの）の先導によって熊野川に向かっていった。

前日の神馬渡御式に引き続き、御船祭が始まったのである。

聖も賤も超越して神と一体化する

行列に従って熊野川の河原へ行った。

ここで神輿の神霊は朱塗りの神幸船に移される。この船と斎主船を諸手船が引き、さらにこれを九隻の早船が引いて上流の御船島に向かう。

諸手船に乗るのは鵜殿の人々だと定められているのは、この祭りが結大神が石淵の宮から新宮に移られた日のことを再現するためのものだからだと思われる。

我々はひと足先に上流のゴール地点に行って船を待つことにした。

およそ一時間後、船引きの役から解放された九隻の早船が、川面を泡立てるようにしながら猛然と漕ぎ上がってきた。

一隻に十一人が乗船し、九人が漕ぎ、二人が舳先と艫（船尾）で舵を切る。

古の熊野水軍を思わせる勇壮さで川を漕ぎ上がり、御船島のまわりを左から右廻りに三回まわってゴールの乙基の河原になだれ込んでくる。

次に諸手船に引かれた神幸船が、同じように島を三回まわって川岸に着く。

この時赤衣を着て赤頭巾をかぶった男が諸手船に乗り、朱塗りの櫂をまわして行く手を遠望するような仕草をする。

これをハリハリ踊りと言い、男が「ハリショー」と掛け声をかけると漕ぎ手が「エイ」と応じ、「ハリハーリー」と掛けると「ヘリハサー」と応じる。

その声と共に船を漕ぐのである。

これは古代に神に仕えていた巫女が、移徙の船団を先導した時の名残ではないかと言われている。

河原で小休止の後、御船島に立った使者が扇子で三回招くと、九隻の早船が再び島を左から二回まわって、出発地点へ帰っていく。

次に諸手船に引かれた神幸船が同じように島をまわり、乙基河原に接岸する。

そして陸行してきた神輿に神霊を移し、上御旅所へ向かう。

ここには杉の葉で作った杉の仮宮があり、覆面をした宮司が神輿から神霊を抱きかかえるようにして仮宮に移す。

これは移徙してきた結大神にご休息いただくためで、仮宮の前で神楽を奏し、神酒や供物をささげ、宮司が祝詞を奏上する。

我々もこの場に参列させていただいたが、夕闇の中でかがり火を焚いて行なわれる神事は、太古もこうであったろうと思わせる厳かな雰囲気に包まれていた。

休息が終わると、宮司が再び覆面をして神霊を抱きかかえ、わずかな供を従えて相筋道路を通り、三本杉西門からひそかに神社にお運びするのである。

源頼朝が寄進した五百三十八の石段

その夜、我々は市内の茶屋で直会をした。初めて触れた太古の雰囲気に興奮し、「滅罪とよみがえり」を体感してきた人々の胸中に思いを馳せた。

神々とともに味わう酒も、熊野灘で捕れた魚もこの上なく旨い。中でもサバの熟れ鮨は絶品だった。

神倉神社は熊野速玉大社の元宮。写真のゴトビキ岩がご神体。

「中上健次の生家跡へ行ってみよう」

私はそう提案し、皆で夜風に吹かれながら目的地に向かった。

市内にある中上健次の生家跡は公園のように整備され、そのことを示す表示板だけが立っていた。

中上が路地と呼んでこだわり続けた場所は、美しい更地（さらち）になっていたのである。

翌朝は激しい雨だった。

それでも我々は朝六時に起きて神倉神社に行った。取材の旅を終える前に、お燈祭（火祭り）で知られる参道の石段をどうしても見ておきたかった。

源頼朝（みなもとのよりとも）が寄進したと伝えられる五百三十八段の石段の入口には、朱塗りの大きな鳥居が立っていた。奥へ続く石段は、急な斜面をぬって切り立つように続いていた。

お燈祭の当日、境内で松明（たいまつ）に点火してもらった二千人近くの祈願者は、足元も見ずにこの石段を駆け下る。それは炎の龍が天から舞い下りるような迫力に満ちている。

熊野の男たちはこの神事に参加し、神の計らいに命を預けることによって、聖（せい）も賤（せん）も超越した神との一体化を体験する。

中上健次の文学は、こうした祝祭の地から生まれたのである。

第六章●関東と大和政権編（房総半島）

わが国最後の前方後円墳と龍角寺が隣接する謎。大和政権と密接な関係を構築した房総の首長

安房独自の洞窟古墳

房総に集積する前方後円墳

対蝦夷の最前線と香取神

房総のむら
龍角寺古墳群
浅間山古墳
香取市
利根川
香取神宮
側高神社
我孫子市
柏市
流山市
栄町
印西市
白井市
松戸市
鎌ヶ谷市
成田市
市川市
八千代市
佐倉市
富里市
匝瑳市
船橋市
習志野市
八街市
浦安市
千葉市
山武市
東金市
九十九里浜
東京湾
大網白里市
市原
房 総 半 島
袖ケ浦市
茂原
木更津市
君津市
内裏塚古墳群
鋸山
勝浦市
鴨川市
舵切神社
南房総市
館山市
館山市立博物館
大寺山洞穴遺跡
安房神社
太平洋
N
0
20km

黒潮に乗ってやってきた人々

三浦半島の久里浜港から東京湾フェリーに乗り、房総半島の金谷へ向かった。東京湾の入口にあたる浦賀水道を横断する船旅で、このフェリーに乗るのは家族旅行で鋸山に行った時以来二度目である。

朝早い便に乗ったお陰で、空は澄みきった秋晴れで、海も深い群青色をみせている。風もなく波もおだやかで、フェリーは前方に縦長く横たわる房総半島に向かって一直線に進んでいく。

「こんなに近いとは思いませんでしたね。古くから相模と上総が一衣帯水の関係だったことがよく分かります」

藤田達生教授が舳先に立ってつぶやかれた。

我々は日頃陸路を中心に物を考えがちである。東京に住んでいても、館山方面に行くには車か電車で東京湾をぐるりとまわっていく経路を思い浮かべるので、さいはての地に行く感覚を持ってしまう。

ところがこうして船を使えば、その距離はわずか十一キロ。潮の流れが速いことで知られた名にし負う難所とはいえ、潮と風を見極めることができる者たちなら、二時間もかからず渡ることができただろう。

ヤマトタケルもこの海を渡った。

東国征伐を命じられたタケルは、上総に向かうべく三浦半島から船を出すが、渡(わたり)の神が荒浪(あらなみ)をおこして妨害する。

そこで妃のオトタチバナヒメが生(い)け贄(にえ)となって海に身を投じ、何とか浪をしずめた。

タケルに東征を命じた景行(けいこう)天皇も、同じ航路をたどった。東国巡幸(じゅんこう)のために上総に向かう時に「海路(うみつじ)より淡水門(あわのみなと)を渡りたまふ」と『日本書紀』に記されている。

このことは大和(やまと)朝廷と上総、下総(しもうさ)が古くから密接な関係にあったことを示している。

その際相模から海路をたどったために、房総半島の南が都に近いと考えられ、上総の国名がつけられた。

我々もあえてその経路をたどり、房総半島に足を踏み入れたのだった。

四十分の船旅で金谷港に着き、鋸山(のこぎりやま)に登ることにした。

二十数年前の家族旅行のようで何となく面映(おもは)ゆいが、ロープウェイで山頂に登ると、目の前に絶景が広がっていた。

真っ青な海の向こうに、雪をかぶった富士山が見える。北側には丹沢の山並みが続き、南側には伊豆の天城連山が連なっている。

その前方には三浦半島があり、久里浜から横浜、東京へ続く海岸線が一望に見渡せる。少し離れた南の海上には、伊豆大島が東京湾の番人をつとめるような形で浮かんでいる。

「わあ、こんなに大きく富士山が見えるとは思わなかった。静岡から見るよりずっと近い感じがします」

静岡県出身の同行の日本画家・北村さゆりさんは、感嘆しながらスケッチ帳を取り出された。

熟練の腕であたりの位置関係を素早くとらえ、見たままの景色が画帳に描き出されていく。

房総半島は日本の中心だと言われることがある。

銚子の犬吠埼を中心に千キロの円を描くと、北海道の知床岬から九州の枕崎までぴたりと円内におさまるからだ。

ちなみに、日本地図の南北を逆にした姿を想像していただきたい。

そうすれば弓形の日本列島が東と南に広大な海を持ち、房総半島が太平洋に向かってせり出している様は、日本海における能登半島と実によく似ていることに気づかれるだろう。

能登半島が日本海海運において中継基地の役割をはたしたように、南に黒潮、東に千島海流が流れる房総半島も、伊勢湾と関東、関東と奥州をつなぐ海運の中継基地の役割をはたしていた。

房総半島は島だと言われることがある。

古くは半島の北側に香取の海が広がり、西側には江戸湾があって、本州から独立した地形になっていたからだ。

江戸湾に入った船は江戸川水系を北上して香取の海との合流地点に達し、香取から鹿島を抜けて太平洋に出る。

このルートをたどれば、関東と奥州をより安全に往来することができた。

それゆえ奥州征伐を企てていた大和朝廷にとって、上総、下総を掌握して前線基地とすることがきわめて重要だったのである。

こうした地理的条件のせいか、房総半島には早くから黒潮に乗って近畿地方や西日

鋸山展望台から富士山を望む。

本から渡ってきた人々が住みついた。

その第一号とも言えるのが、安房神社を創建した忌部氏である。

神社の伝承によれば、忌部氏の祖である天富命が阿波国の忌部氏を率いて房総半島へ移り住み、祖神である天太玉命を祀ったのが安房神社の始まりだという。

忌部氏はこの地で麻を栽培して大成功をおさめ、たわわに実る房（総）にちなんで「総の国」と名づけた。

これが上総、下総の語源となり、故地である阿波の名をとって安房の国となったと伝えられている。

天太玉命神社は奈良県橿原市忌部町にもあるので、天富命に従った忌部氏の中には、この地に住み大和朝廷とつながりがあった者もいたはずである。

その者たちがヤマトタケルや景行天皇の東征の際に案内役をつとめたと考えれば、両者が走水の海（浦賀水道）を渡って安房を目指した理由も納得できる。

房総半島と紀伊半島とのつながりも強い。

九十九里浜で行なわれている地曳網や勝山の捕鯨の技術は紀伊から伝えられたというし、銚子の醤油製造の技術も同じである。

我らはまず忌部氏ゆかりの安房神社を訪ねた。

房総半島南端に位置する神社は、南にそびえる吾谷山の山裾に鎮座している。東西南の三方を切り立った海食崖に囲まれ、北に向かって参道が伸びている。

参道も境内も掃除が行き届き、広々と枝を伸ばした槙の木が頭上をおおって、静かで清らかな神さびた雰囲気が漂っている。

社殿で岡嶋千暁宮司にお目にかかり、神社の歴史について教えていただいた。

「歴史と言っても、この神社は台風や大火の被害を何度も受けていますから、資料が残っていないんですよ」

宮司はそう言いながら、神社についての研究書や資料などを惜し気もなく出して下さった。明るく豪快な気性は、まさに南国風だった。

安房神社は安房国（あわのくに）の一宮（いちのみや）であり、奈良時代には神郡（しんぐん）を付与されていた。神郡とは神社の祭祀（さいし）や経営を行なうために特別に設置された郡のことだ。

他にこうした扱いを受けたのは伊勢神宮、香取（かとり）神宮、鹿島（かしま）神宮、出雲（いずも）大社など七社しかないのだから、安房神社がいかに大和朝廷に重要視されていたかが分かる。

景行天皇が東国巡幸をなされた折には、膳臣（かしわでのおみ）の祖の磐鹿六鴈（いわかむつかり）という者が、安房の湊（みなと）で食物を献じて出迎えた。

この功によって膳大伴部（かしわでのおおともべ）の姓を与えられ、それ以後膳氏は朝廷の食事を司（つかさど）るようになり、安房国は御食津国（みけつくに）となった。

その中でも重要なのが、アワビをはじめとする海産物だったのである。

神社の境内には、この地に古くから人々が住んでいたことを証明する洞穴（どうけつ）遺跡が残されている。現在は立ち入ることができないが、昭和七年（一九三二）に発見されたこの遺跡からは、多数の人骨と土器や貝輪などの副葬品が発見された。

土器の形状や性質などから、縄文時代晩期のもので、その時期に洞穴が墓地として利用されていたと考えられている。

人骨の頭蓋骨の側に砂を盛ったアワビがおかれているものもあり、この頃からアワビが霊力を持った神聖な貝と考えられていたことをうかがわせる。

また二十二体の頭蓋骨のうち十五体に抜歯の跡が認められた。

成人式や結婚式などに抜歯の儀礼を行なっていたようで、これも南方の習俗の影響のようである。

舟形の木棺で葬送した海人族

安房神社の洞穴は、地震によって隆起した凝灰岩の地層が縄文海進期に海の波によって洗われるようになって形成されたものである。

房総半島南部には他にも大寺山洞穴遺跡、鉈切洞穴遺跡などがあり、墓地として利用されてきた。

そこから発掘された遺物や副葬品は、館山市立博物館に納められている。

安房国一宮である安房神社。

我々は館山城の近くにある博物館を訪ね、元館長の岡田晃司さんに収蔵庫を案内していただいた。

大型エレベーターで階下に下りると、温度と湿度が管理された大きな収蔵庫があり、洞穴遺跡から発掘された品々が、未調査のまま保管してあった。

「博物館を作った時には、地元の遺産を大切に保管し、古代史の解明につなげようという熱気がありました。ですからこのように立派な博物館ができたのですが、地方の衰退（すいたい）にともなって予算が削られ、人員も減らされて、今はこのような状態なのです」

長年研究者として第一線で活躍してこられた岡田さんが、無念のにじむ声で語られた。

多くの出土品はきちんと分類して仕分けられているものの、研究までは手がまわらないまま長い歳月に耐えている。

収蔵品の中でもっとも注目したのは、洞穴から発掘された丸木舟の部材だった。くり抜き舟の舳先の部分の形をとどめたものや、押しつぶされて平面になりながらも丸木舟の形をとどめたものもある。

「これは大寺山洞穴に納められていた舟棺（ふなかん）です。実際に使用していた丸木舟に遺体を納め、洞穴の壁に沿って何艘（なんそう）も積み重ねた形で発見されました」

大寺山洞穴からは十二基以上の舟棺が見つかったが、埋葬された期間は五世紀前半から七世紀後半の二百年にわたるという。

洞穴に古墳が造られた理由

大和地方では三世紀に前方後円墳（ぜんぽうこうえんふん）である箸墓（はしはか）古墳が造営された。

これが大和朝廷の権威のシンボルとなり、朝廷に服属した地方の豪族も次々と前方後円墳を造るようになった。

房総半島でも四世紀から同様の古墳が築かれているが、安房地域だけは前方後円墳ではなく洞穴による埋葬が続けられた。

それは強大な勢力が育たなかったからだろうと考えがちだが、木棺のまわりには大刀（たち）や鉄鏃（てつぞく）、鉄製甲冑（かっちゅう）などの副葬品が納められていた。

房総半島でそうした品々が出土するのは、大和朝廷から国造（くにのみやつこ）に任じられた大豪族の古墳ばかりなので、舟棺に入れられて洞穴に埋葬された者たちも、国造に匹敵する勢力を持っていただろうと考えられている。

「館山周辺は平地が少ないので、古墳を築くことができなかったのです。それに海の近くの洞穴に舟棺で埋葬するのは、海人族（かいじん）独特の信仰によるものだと思います」

岡田さんはそう話しながら、大寺山洞穴を案内してくださった。

地元の人々が「沼の大寺」と呼ぶ総持院（そうじいん）の西側の山中に、垂直に切り立った岩壁がある。その根元ちかくに、鍾乳洞（しょうにゅうどう）のような洞穴が大きく口を開けていた。

入口の幅六メートル、高さ三メートル、奥行きは約二十五メートル。この岩壁も地震の時に隆起したもので、その後海水に浸食（しんしょく）されて洞穴が空いたのである。

中に入ってみると、数十人が暮らせるほどの広さだったことが分かる。墓地だと思

館山市立博物館で保管される舟棺。

えばあたりの冷気がひやりと背中をなでるが、ここなら夏は涼しく冬は暖かったことだろう。

　初め縄文人がここを住居とし、弥生時代になると畿内や西日本から渡ってきた海人族が埋葬地として利用するようになった。

　洞穴の入口は海のある西側に向いていて、舟棺もすべて舳先を入口に向け、遺体も頭を舳先の側に向けて安置されていた。死後にも舟に乗って海に漕(こ)ぎ出してゆき、彼方(かなた)に

奥行き約25m。大寺山洞穴。

ある死者の国に向かおうとしたためだという。

あるいは黒潮に乗って西からやってきた人々は、死後にふるさとに帰りたいと切望していたのかもしれない。

房総に群れなす巨大古墳

意外に思われる方も多いと思うが、房総半島は日本でも有数の巨大古墳の密集地である。

その実態が本格的に解明されはじめたのは、昭和四十八年（１９７３）に木更津市の手古塚古墳の発掘調査が行なわれてからだった。

全長六十メートルの前方後円墳で、長さ

九メートルの粘土槨の中におさめられた棺からは、古代史ファンにとっては馴染み深い三角縁神獣鏡と中国製の吾作銘四獣鏡、碧玉製石釧（碧玉の腕輪）、鉄製利器などが出土した。

三角縁神獣鏡や石釧は房総半島と畿内の結びつきの強さを示すもので、古墳が造営された四世紀後半よりもっと古い時代から畿内との交流があったことが明らかになった。

さらにその後の研究によって、この鏡と同じ鋳型で作られたもの（同氾鏡）が、他にも三枚あったことが明らかになった。

奈良県の河合町にある古墳、島根県の造山古墳、愛知県の仙人塚から出土したもので、この四枚は同じ人物から各地の実力者に下賜されたものだと考えられている。

つまり房総は大和朝廷にとって出雲や尾張と同じくらい重要な地と認識されていたということである。

五世紀中頃に造られた古墳は、木更津市の南の富津市にもある。
内裏塚古墳で、墳丘の全長は百四十四メートル。
千葉県のみならず南関東最大の前方後円墳で、その形は大阪府堺市百舌鳥古墳群にある履中天皇陵古墳にそっくりで、五分の二の大きさに設計されている。

さらに時代が下ると、下総の上端に位置する香取海を望む台地上に龍角寺古墳群が造営され、日本最大級の方墳である岩屋古墳が出現する。

畿内から遠く離れた房総に、これだけの古墳が造られたのはなぜなのか。その実態をさぐるべく、我々はまず内裏塚古墳群を訪ねたのだった。

百舌鳥古墳群と近似する古墳

案内して下さったのは富津市教育委員会の小沢洋さんだった。

発掘現場に向かうような作業着に身を包み、

「そうですね。まず最初に弁天山古墳に行きましょう。そこだけ少し離れた所にありますから」

そう言って我らの車を先導して南に向かわれた。

ＪＲ内房線ぞいの道を三キロほど下ると、大貫中央海水浴場がある。その程近くの小久保地区に、公園のように美しく整備された弁天山前方後円墳があった。

墳丘の長さは八十七・五メートル、高さは前方部七・五メートル、後円部八・五メ

富津市の弁天山古墳。

ートル。

今は失われているが、かつては全長約百三十五メートル、幅約百メートルの盾形の周溝がめぐらしてあったという。

墳丘に立つと目の前に海が広がり、対岸の三浦半島や伊豆半島、そして富士山を見渡すことができる。

かつてはすぐ側まで海が迫っていたので、葺石におおわれた古墳は海を渡って来る者にとって格好のランドマークになったという。

「ヤマトタケルも景行天皇も渡ったこの走水（浦賀水道）を通って、弥生時代の中期から多くの人々が房総半島に渡ってきました。彼らは畿内や東海から相模の国に入り、さらに東へと進んだのです」

彼らが上陸したのは、ここよりもう少し南の天羽だが、やがて大貫や青堀を拠点とし、北へ北へと勢力を拡大していった。

その最初の拠点と言うべき場所に弁天山古墳を築いたのは、自己の力を後から渡ってくる者や朝廷からの使者に対して誇示するためだろう。

「それは丹後半島の古墳も同じでしたね。ほぼ同じ時期に、房総半島にも同じ文化が伝わったということです」

藤田達生教授が海の彼方をながめてつぶやかれた。

「この古墳の特筆すべき点は、石室の造りにあります。これを見て下さい」

小沢さんが案内してくれたのは、後円部に建つ覆屋だった。

格子窓から中をのぞくと、石室をおおう三つの天井石がむき出しになっていた。

そのうち二つはハンペンのように白くふっくらとした凝灰岩で、両端に縄掛突起がついている。

石を運ぶ時に突起の部分に縄をかけて引っ張ったもので、石棺のふたにこうした突起がついている例はいくつもあるが、石室の天井石についているのは珍しい。

「奈良県の日葉酢媛陵古墳や室の宮山古墳など、大王陵級の古墳にはいくつか例がありますが、東日本ではこれが唯一のものです。それを許されるほど力のあった者がこの地にいて、ここに埋葬されたということではないでしょうか」

弁天山古墳を後にした我らは、野中の一軒家のような富津市役所の横を通り過ぎて、青堀、飯野地区に入った。

小糸川の南に広がる平坦地には、まるで古墳銀座とでも呼びたくなるほど大小さまざまの古墳が点在していた。

内裏塚古墳群と呼ばれるこの地にある古墳は四十八基。このうち前方後円墳は十一基、方墳七基、円墳は三十基である。

このうち代表的なものの造営時期と墳丘全長を挙げれば次のようになる。

一、内裏塚古墳　五世紀中期　144m
二、弁天山古墳　五世紀後期　87・5m
三、九条塚古墳　六世紀中期　103m
四、稲荷山古墳　六世紀後期　106m
五、三条塚古墳　六世紀末期　122m

まさに巨大古墳の建築ラッシュである。

しかも冒頭でも触れたように、古墳は堺市の履中天皇陵古墳や仁徳天皇陵とそっくりの形をしているのだから、まるで百舌鳥古墳群をそっくり移したような景観を呈している。

「あるいは河内を拠点としていた一派が、大和朝廷との抗争に敗れ、大挙してこの地に移り住んだのかもしれませんね」

私がそんな想像をしたのは、古代史を題材とした小説を書くようになって、大和朝廷が決して一枚岩ではなく、血で血を洗う内部抗争をくり返してきたことを目の当たりにしたからだ。

大化改新や壬申の乱がいい例だが、同様のことは太古の時代にも起こっていて、抗争に敗れた者は縁故の者が赴任している土地に大挙して逃れ、新たに勢力を立て直そうとしたに違いない。

そしてその地で勢力を挽回し得た者は、己の出自が決して大和の大王に劣っていないことを示すために、畿内にも劣らない巨大古墳を築いた。

その勢力を、大和朝廷も無視できないようになる。

弁天山古墳の石室。縄掛け突起は東日本ではここだけ。

なぜなら彼らが東北地方に勢力を張る蝦夷と協力して反朝廷の兵を挙げたなら、日本を東西に二分した大動乱に発展するおそれがあるからだ。

それくらいなら彼らに名誉と実利を与えて懐柔し、対蝦夷戦の先兵として使った方がいい。大和朝廷はそう判断し、巨大古墳の造営を許し、三角縁神獣鏡や碧玉製石釧などを下賜したのではないだろうか。

この古墳群の中で最後に訪ねたのは、割見塚古墳だった。

七世紀前期に築かれたもので、一辺四十メートル、高さは三・五メートルだが、まわりには二重の周溝をめぐらしている。外周溝の一辺は百七・五メートルだから、ま

稲荷山古墳。１００ｍ超の規模を誇る。

内裏塚古墳。５世紀築造。国造が被葬者と言われる。

三条塚古墳。江戸時代は飯野藩陣屋があった。

さに一町四方の広さである。

石室の全長は十八・七十五メートル。終末期方墳の中では全国屈指の大きさで、石積みの技法や石室の形は大阪府羽曳野市域の古墳と同じだという。

最後まで河内様式にこだわり続けた族長の姿が、目に見えるようである。

日本列島最後の前方後円墳

小糸川の南は須恵と呼ばれ、朝廷から任命された国造が治めていた。

内裏塚古墳群は国造の一族が築いたものだが、土地も狭く平野も少ないこの地で、これだけの古墳群を築くことができたのは、浦賀水道の制海権を押さえ、海運や漁業を支配していたからだろう。

ところがそうした優位は、やがて否定される時がやってくる。

三浦半島から房総半島へ船で渡っていた東海道が、神護景雲二年（768）以後には、相模国府（大磯町）から武蔵国府（府中市）、下総国府（市川市）、上総国府（市原市）を経て常陸国府（石岡市）に至る陸路に改変されたからだ。

おそらく改変されるかなり前から、この地域の人口や交通量が増え、道路を維持できるようになっていたのだろう。そうなると天候に左右される海路よりは、陸路の方が安全で便利だと考えられるようになった。

それにともなって繁栄の中心は、香取海の南の台地上にある龍角寺古墳群の方面に移っていったのである。

我々はその変遷（へんせん）を追って、富津市から印旛（いんば）郡栄町（さかえまち）に向かった。

栄町には「千葉県立房総のむら」があり、その一角に建つ房総風土記（ふどき）の丘資料館で、上席主任研究員の白井久美子さんが迎えて下さった。

長年古墳の研究にたずさわってこられた方で、学識とバイタリティは素晴らしい。

顔合わせもそこそこに、ヘルメットの束を持って現場へ案内していただいた。

最初に向かったのは、成田安食（あじき）バイパスをこえたところにある浅間山（せんげんやま）古墳だった。

墳丘全長は七十八メートル。七世紀の初期に築かれた龍角寺古墳群最大の前方後円墳である。

「古墳の名前は、墳丘の上に浅間神社を祀（まつ）る祠（ほこら）があったことからつけられたものです。この古墳は墳丘と相似形の周溝を持つ巨大なものでしたが、前方後円墳の歴史は浅間山古墳をもって幕を閉じ、岩屋古墳のような方墳へと移っていきます」

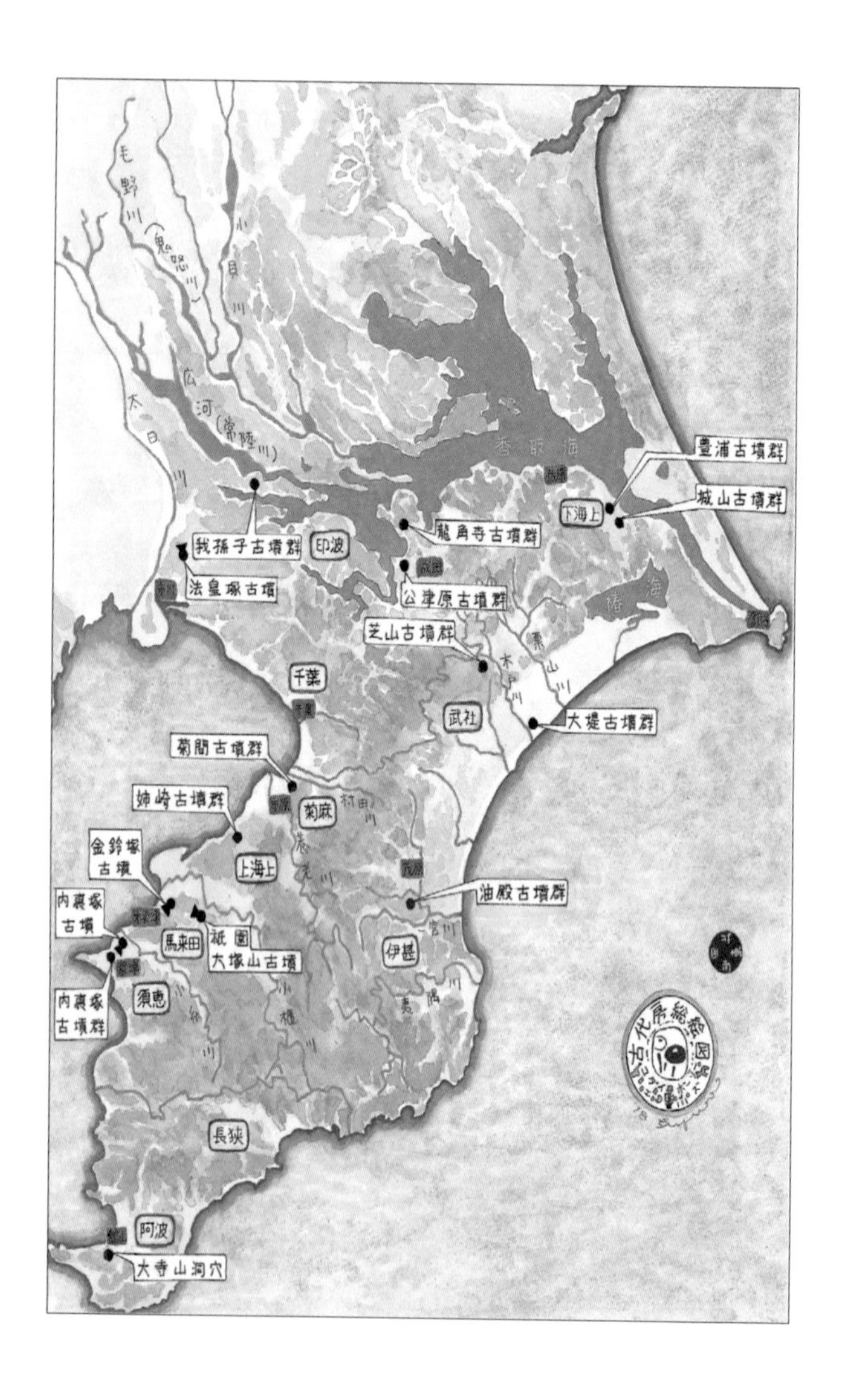

毛野川（鬼怒川）
小貝川
広河（常陸川）
太日川
香取海
椿海
豊浦古墳群
城山古墳群
下海上
龍角寺古墳群
印波
我孫子古墳群
法皇塚古墳
公津原古墳群
芝山古墳群
木戸川
栗山川
千葉
武社
大堤古墳群
菊間古墳群
菊麻
村田川
姉崎古墳群
上海上
養老川
金鈴塚古墳
内裏塚古墳
馬来田
祇園大塚山古墳
油殿古墳群
宮川
伊甚
須恵
内裏塚古墳群
小糸川
小櫃川
夷隅川
長狭
阿波
大寺山洞穴

箸墓（はしはか）古墳（奈良県桜井市）で始まった前方後円墳は、
房総の浅間山古墳を以てその役目を終えた。

それではそちらに行ってみましょうと、白井さんは忙しい。

何しろ敷地が広大な上に夕暮れが迫っているので一刻も無駄にはできないと、我々のために気を遣っていただいているのである。

「この古墳群には百十五基の古墳がありますが、このうち三十七基が前方後円墳です。これは大和朝廷が東国進出の手段とするために造らせたものですが、やがて方墳が造られるようになるのは、地域の独立性が強くなったからだと考えられています」

岩屋古墳は墳丘の一辺が七十八メートル、高さは十三メートルの三段築造で、終末期方墳としては日本最大の規模である。

このあたりの台地には谷が細く入り組んでいて、かつては香取海の入江になっていたので、古墳のすぐ側まで海が迫っていたという。

台地の上にそびえる巨大な方墳は、ランドマークとなってこの地の族長（印波国造という）の権威を誇示していたのである。

墳丘の南面には二基の横穴式石室が並行して開口していて、そのうちのひとつに特別に入ることができた。

白井さんがヘルメットの束を持参しておられたのは、このためだったのである。

石室の中は巨石が隙間なく組み合わされ、密閉した空間を保っている。石の加工技術は精巧で、温かさと落ち着きを感じさせる。

「この方墳を最後として古墳時代は終わりを告げます。都ではすでに古墳から寺へと葬送の儀礼が変わっていましたが、房総にもその文化が伝わり、印波国造によって築かれたと思われる龍角寺が造営されます」

それでは寺に向かいましょうと、白井さんは再び車に飛び乗られた。

龍角寺は蘇我氏が築いた寺との共通点が多く、両者の交流が深かったことがうかがえるという。

それも大化改新で追われた蘇我氏がこの地に移り住んだためではないかと考えながら、私は櫟の林をぬって走る車に身をゆだねていたのだった。

房総に伝わった白鳳仏

龍角寺は浅間山古墳のほぼ真北、七百メートルほど離れた所にあった。

大型前方後円墳の掉尾を飾る浅間山古墳から龍角寺まで続く真っ直ぐな道は、権威の象徴が古墳から寺院へと変わったことを、きわめて視覚的に表している。

この道をたどって龍角寺の境内に入った。

かつて南大門があった場所は、今や地名に名残をとどめるばかりだが、そこから本堂までの百メートル近い参道が、往時の龍角寺の巨大さを物語っている。

本堂（金堂）跡の基壇と礎石から、建物の規模が縦横五・五メートルの正方形であったことがうかがえる。

その西側には塔があって、心柱を支えた礎石がむき出しになっていた。

北側には講堂、南には中門があり、境内全体を廻廊で囲んでいたのだから、飛鳥や奈良の寺もかくやと思えるほどの壮麗さだったに違いない。

本尊の薬師如来像は銅造りで、蘇我氏が建立した山田寺の薬師如来像ときわめて良く似ている。

残念ながら火炎に見舞われ、造立当時のものは頭部だけしか残っていないが、創建当初から伝わることが確実な白鳳時代の仏像は全国でも稀有だという。

本堂の屋根に使った軒丸瓦も、山田寺で造られた瓦を祖型にしており、蘇我氏との関係の強さがうかがえる。

寺の西側には瓦窯跡もある。

龍角寺の境内跡。

〈服止〉と刻まれた瓦。

寺で使う瓦を焼いたもので、都から来た職人が指導していたのだろう。その頃の軒平瓦が窯跡から発掘されていて、宝物殿に展示してあった。

瓦にはヘラのようなもので文字が記してある。

瓦の枚数や地名を表示したもので、「朝布」（現在の麻生）や「服止」（同じく羽鳥）などの地名がこの頃からあったことを証明している。

関東におけるこうした変化は、いったいどうして起こったのだろうか。

激動の古代史と龍角寺の造営

『龍角寺略縁起』によれば、寺の創建は和銅二年（七〇九）だという。

天から龍女が舞い下りて寺を建立し、本尊の薬師如来は印旛沼から出現した。

当時は龍神の本地仏は薬師如来と考えられていたので、龍神信仰と百済から伝来した仏教とが融合して、こうした伝承を生んだと思われる。

また、『縁起』には雨乞いの霊験についても記されている。

聖武天皇の天平四年（七三二）に諸国が大旱魃に見舞われた。そこで天皇は神社や寺に雨乞いの祈祷をさせたが、少しも効果がなかった。

そこで龍女建立の寺である龍角寺に命じたところ、

「にわかに一天雲おおい、雷電虚空に響き、甘雨を国土に降らすこと七日七夜、草木蘇生し人民快楽す」

という霊験があり、天皇は龍角寺に天竺山という宸筆の額を下されたという。

こうした伝承は寺の権威を高めるために後世に作られたものが多く、それほど当てにはならないが、寺の創建が和銅二年というのは注目すべきである。

というのはこの頃の日本は、唐との国交回復を目指して律令制（中央集権体制）の整備と平城京への遷都を急いでいた。

その一環として九州南部の隼人、奥州の蝦夷の征伐を強行していた。

そんな時に龍角寺が造られ、都と同じ信仰体系が持ち込まれたのは、律令制を全国に浸透させるための手段だったと考えられる。

一方、史学的な見地によれば、龍角寺の造営が始まったのは、六百五十年から六百七十年代の前半だという。その根拠のひとつは、龍角寺で使われた瓦が六四九年までに山田寺で造られた瓦を祖型にしていることだ。

この頃、大和朝廷は激動のさなかにあった。

皇極天皇四年（645）に乙巳の変が起こり、蘇我入鹿が中大兄皇子と中臣鎌足に暗殺された。

これを知った入鹿の父蝦夷は自害し、蘇我宗家は滅亡したが、一門の蘇我倉山田石川麻呂は中大兄皇子に従い、新政権において右大臣に任じられた。

ところが大化五年（649）に石川麻呂は謀叛の疑いをかけられ、妻子とともに山田寺で自害した。

こうして大和朝廷は、のちに天智天皇となる中大兄皇子と、藤原の姓を与えられた中臣鎌足によって主導されることになった。

もし龍角寺の造営が六百五十年頃から始まったとすれば、この地方に勢力を張っていたのは蘇我氏の一門で、都で滅亡した本家の記憶を残すために、山田寺とそっくりの寺を建立したと考えることができるかもしれない。

第一章で紹介した大山誠一先生が説かれるように、蘇我馬子、蝦夷、入鹿が天皇として君臨した蘇我王朝があったとすれば、事はもっと重大である。

中大兄皇子や中臣鎌足に滅ぼされた蘇我氏が、この地で蘇我王朝を再興したと考えることができるからだ。

撮影／山岸桂二郎

龍角寺の薬師如来像。関東では珍しい白鳳仏。

朝廷の混乱はその後も続く。

中大兄皇子は、新羅と唐に挟撃されていた百済を救うために、六六三年に四万余の大軍を朝鮮半島に派遣したが、白村江の戦いで両国の連合軍に大敗し、大きな打撃を受けて撤退せざるを得なくなった。

朝廷は両国の追撃を恐れて国防の充実を急いだが、天智天皇の死後に壬申の乱が起こり、大海人皇子が天智の後継者である大友皇子（弘文天皇）を滅ぼして天武天皇となった。

白村江の敗戦から、わずか九年後のことである。

争乱の原因は、戦後処理をどうするかにあった。

あくまで百済再興を成し遂げようとする天智派に対し、天武派は唐との国交を回復して国力の充実をはかるべきだと主張し、多くの豪族たちの支持を得たのである。

その課題は大宝二年（７０２）に派遣された第八次遣唐使によってはたされることになった。粟田真人を大使とする使節団の交渉によって、日本は唐との国交を回復し、冊封国になることを認められた。

ところが唐を盟主とした東アジアの国際社会に参入するためには、実現しなければならないいくつかの条件があった。
一、律令制を完成し、法治主義をとること。
二、国史を編纂し、王権（天皇）の正統性を明らかにすること。
三、仏教を国家の基本理念とすること。
四、国内の夷狄を征伐し、唐皇帝に背く者がいないようにすること。
等々だったと思われる。

そこで朝廷は大宝律令の整備と実施、『古事記』『日本書紀』の編纂、寺院の建立、平城京への遷都、隼人、蝦夷などの討伐を急がざるを得なくなった。

そうした影響は、対蝦夷戦の最前線に位置し、大和朝廷軍が数多く駐留していた房総地方にも及び、龍角寺の建立となって現れたのだろう。

二十四もの坊（塔頭）を備えていたという巨大な寺院は、宇佐神宮の近くに法蓮が建立した虚空蔵寺のように、戦死者の供養や汚れの祓い、兵糧などの備蓄をするために必要だったのである。

影響を受けたのは寺院ばかりではない。

香取海の北岸と南岸にあった鹿島、香取の両神宮も、蝦夷征伐の精神的な支柱として大和朝廷の政策の中に組み込まれていくことになった。

その状況はどうだったかを確かめるために、我々は香取神宮を訪ねた。

門外の駐車場で車を降りて参道を進むと、左右にお土産や団子を売る店が並んでいる。

神宮では毎年十二月に神々に団子をささげる団碁祭が行なわれていて、団子は昔から名物なのである。

さらに進んで石の鳥居をくぐると、朱塗りの色があざやかな楼門が、生い茂る樹木の中にひっそりと建っていた。

その奥には元禄十三年（一七〇〇）に徳川綱吉が寄進した二層造りの楼門がある。

厳粛の気に打たれながら境内に入ると、禰宜の香田隆造さんが待っておられた。

学識豊かで物静かな方で、神社には不案内な私の質問にも嫌な顔ひとつせずに応じて下さった。

鉄鋌か⁉　香取神宮謎の鉄製品

「当社のご祭神は経津主大神で、建御雷神とともに出雲地方に降臨され、大国主

荘厳な香取神宮の楼門。

命の国譲りを実現した功績のある大神です。創建は神武天皇十八年と伝えられています」

香田さんはそう語りながら境内を案内して下さった。

国内平定の相棒である建御雷神は鹿島神宮の祭神なのだから、朝廷では出雲征伐で活躍した両エースを奥州征伐に投入したということだろう。

第三章の出雲編で見たように、神々についての神話がそれを伝えた信仰集団のことを現わしているとすれば、経津主と建御雷を信仰した最強の氏族が、ヤマトタケルのように征伐を命じられたのかもしれない。

創建は神武天皇の頃だとしても、国家祭祀に組み込まれて蝦夷討伐に利用されるようになるのは、八世紀の初め頃からではないだろうか。

「こちらの本殿も楼門と同じ時期に徳川綱吉公が寄進なされたものです。この地方は地震が多いので、地面を突き固めた上に造営なされました。そのお陰で震災の被害を受けておりません」

間近で見る本殿の美しさは息を呑むばかりである。

檜皮葺の屋根の上品な反り具合、黒漆塗りの軒下板にほどこした金箔圧しの飾り金具の見事さ、棟木の上に高くそびえる千木や鰹木のあたりを払う勇壮さ。それらが組み合わさってかもし出す優雅で気高く力強い印象は、筆舌に尽くし難いほどである。

その完成度の高さを、おそらく誰もが認めたからだろう。それまで二十年に一度行なっていた式年遷宮を、この本殿が造られて以後は取りやめたという。

宝物館にも数多くの品々が納められているが、中でも注目すべきは国宝海獣葡萄鏡である。中国唐時代の作品で、奈良の正倉院と今治市大三島の大山祇神社にある鏡とともに、日本三名鏡に数えられている。

どんな技法でこんなに精巧な物を作ったかと、長々とながめていても飽きることのない名品である。

そんな中で目を引かれたのは、鼓のように胴がくびれた形をした二枚の鉄板だった。縦六十センチ、横三十センチほどもある大きなもので、盾形鉄製品という表示がされているが、何に使ったのか分からないという。

（これは鉄鋌ではないか）

私はひそかにそう思った。

戦争の最前線で必要なのは武器の供給である。優良な剣や鉾、矢尻などの鉄製品を、奥州遠征軍に遅滞なく送り続けなければならない。

すでに七世紀後半には龍角寺の近くの北囲護台遺跡で、二基の鍛冶炉を持つ工房が営まれていたことは確認されているが、原料の鉄をどうやって入手していたかは明らかになっていない。

砂鉄が使われていた可能性もあるが、それでは大量の需要に応じきれないので、朝鮮半島から輸入した鉄鋌を使っていたと考えられる。

近年では鉄の成分を分析すれば、どこの鉱山から採掘されたか分かる方法がある。いつの日かそうした研究によって、この仮説が正しいかどうかを検証していただきたいものだ。

次に我々は香取神宮の第一摂社である側高神社を訪ねた。

数日前の台風によって境内の大木が折れ、生木の裂けた痛々しい姿をさらしていた。

この神社には馬盗みの伝承がある。昔側高神は香取神に命じられ、陸奥の馬二千匹を捕らえて香取海の浮島まで帰ってきた。

これを取り返そうと陸奥神が追ってきたので、側高神は潮引玉を投げて香取海を干潮にして馬を渡らせ、次に潮満玉を投げて陸奥神の追撃をかわしたという。

「この近くには伝説にちなんだ地名がいくつかあります。牧野は二千頭の馬を飼った所。釜塚は馬の飼料にするための藁を釜でゆでたことにちなんだものだと言います」

古代史浪漫をかき立てる「盾形鉄製品」。

「日本三名鏡」のひとつ。国宝の「海獣葡萄鏡（かいじゅうぶどうきょう）」。

神社の方がそう教えて下さった。

奥州馬は体が大きく、軍馬としても珍重されていた。それを二千頭も盗んできた功績は大きく、神々の仕業（しわざ）として伝承されたのだろう。

あるいは奥州馬に対する憧憬（しょうけい）が、こんな伝説を生んだのかもしれない。

奥州と向き合ってきた房総半島の特性は、こんな逸話にも現れているのである。

あとがき　日本の原点への旅

安部龍太郎

月刊誌『サライ』で「半島をゆく」をやらせていただいて六年半が過ぎた。

日本中の半島を回ることで古きよき文化や伝統を発見すること、流通の主役が河海（かかい）の水運だった頃の日本の姿を見極めることを目的としたものである。

それは同時に、日本成立の原点までさかのぼる旅にもなった。日本は島国であり、多くの渡来人がユーラシア大陸のさまざまな文化や技術、信仰などを持ち込んでいる。

そうした痕跡は海からの入口である半島に色濃く残っているので、半島をゆく旅は、渡来人や渡来文化を探る旅にもなった。

そしていつしか、それなら日本人の原点にテーマを絞って探ってみようということになり、本書にまとめた六つの半島をめぐることになった。

奈良から丹後、出雲、国東、紀伊、そして房総半島へ。

取材の最中にはあまり意識していなかったが、奈良、丹後、出雲、紀伊半島は、朝鮮半島を経由して対馬海峡を渡ったり、黒潮に乗って日本海や太平洋の港から上陸した人々の足跡をたどるには最良のコースだった。

そして大和朝廷を打ち立て、隼人や蝦夷の征伐に乗り出していった人々の様子は、国東、房総半島をめぐることでつぶさに知ることができた。

この旅を企画してくれた編集者のI君の眼力の確かさと密かな企みに、今さらながら敬服している次第である。

長年日本史にまつわる小説を書いていて、疑問に思ってきたことがいくつもある。

日本という国は、いつ、誰が、どのようにしてつくったのか。『古事記』や『日本書紀』に記されていることはどこまで信じられるのか。天皇家や神道への尊崇の念が現代まで受け継がれているのはなぜなのか、などなど日本及び日本人の根幹に関わることである。

ところが日本人はいまだに、その問いに対して明確な答えを提示できないままである。多くの研究があるにも関わらず、資料的な制約もあって定説をみるに至っていない。本書はそうした状況を打開する手掛かりになればと念じて、現場での取材や考察を紀行文にまとめたものである。

末筆ながらご教授いただいた専門家の先生方や、取材中にお世話になった多くの方々、そしていつも同行していただいているメンバーに厚く御礼申し上げます。

令和二年、晩秋の熱海にて

安部 龍太郎（あべ・りゅうたろう）

昭和30年、福岡県生まれ。久留米高専卒業後、東京都大田区で区立図書館司書を務めながら執筆を続け、平成2年、作家デビュー。『信長燃ゆ』『関ケ原連判状』『下天を謀る』など戦国時代を舞台の小説を精力的に発表。平成16年、『天馬、翔ける』で第11回中山義秀文学賞を受賞。平成25年、『等伯』で第148回直木賞受賞。最新作は『家康』（幻冬舎文庫）。月刊誌『サライ』に「半島をゆく」を連載中。

日本はこうしてつくられた
大和を都に選んだ古代王権の謎

2021年（令和3年）1月2日　初版第1刷発行

著作者　安部龍太郎
発行者　水野麻紀子
発行所　株式会社 小学館
〒101-8001 東京都千代田区一ッ橋2-3-1
（編集）☎ 03-3230-5901
（販売）☎ 03-5281-3555
印刷所　凸版印刷株式会社
製本所　株式会社 若林製本工場
デザイン　B.C.
編集　今井康裕（小学館）

ISBN978-4-09-343445-4